VINGT ANS A MULHOUSE

1855-1875

PAR

M. ÉMILE BOISSIÈRE,

Professeur de littérature à l'École normale de Cluny.

MACON,

IMPRIMERIE D'ÉMILE PROTAT.

—

1876.

A MULHOUSE.

HOMMAGE ET SOUVENIR.

E. B.

Cluny, septembre 1876.

Etudes de Mœurs et Notes de Voyage,

Quand j'arrivai à Mulhouse, en 1855, la ville n'était française que depuis cinquante-sept ans. La vieille cité suisse se retrouvait à chaque pas : ses murs d'enceinte, ses portes, ses fossés, révélaient de toutes parts son origine, et les types humains confirmaient, de ci, de là, le témoignage des monuments.

Ma surprise ne fut pas sans désenchantement : lorsque j'avais quitté Paris, mes amis, pour adoucir les tristesses du départ, m'avaient parlé d'une grande ville où l'industrie faisait merveille, où la fortune et le progrès avaient élu domicile. La fortune, je la connaissais... de loin, et ne devais jamais la connaître que de là ; ses temples ne s'élèvent pas au quartier des Ecoles. Le progrès m'intéressait davantage : je l'estimais fort en m'en défiant un peu, et il me plaisait de le voir à l'œuvre. Oui, à l'œuvre ; jusqu'alors ses promesses m'avaient plus frappé que ses effets, et j'avais grande envie de constater par mes propres yeux que le progrès n'est pas qu'un mot vide de sens, — un prospectus semblable à tous les prospectus.

La première impression, je le répète, fut déplaisante. C'était l'automne ; j'entrais en ville sur le tard et par une pluie battante, le ciel pleurait depuis Paris ; mon cœur aussi. Moi, qui ne me souvenais pas d'avoir fait seul le voyage de Saint-Cloud, je me trouvais seul, à cent cinquante lieues de la capitale, à deux pas de la frontière, dans les plaines du Rhin. Ces noms étranges qui, depuis Strasbourg, avaient étonné mon oreille, qui l'avaient écorchée quelquefois en passant par l'organe un peu rude des conducteurs, Erstein, — Guebwiller, — Lutterbach, — ce long profil des Vosges avec leurs vieilles ruines perdues dans la brume, — et cet éternel crépitement d'une pluie d'orage sur les vitres du wagon, tout me disposait à la tristesse, sans parler des souvenirs.

On n'en arrive pas moins, cependant ; j'étais arrivé : je montai dans l'omnibus de l'Hôtel Romann où j'allais m'installer pour un mois. Ici, je m'aperçois, c'est un peu tard, sans doute, qu'il est beaucoup plus question de ma personne

que de Mulhouse : hâtons-nous de réparer le
mal et promenons-nous par la ville.

L'abord n'en était pas désagréable ; pour
entrer à Mulhouse, il faut traverser le canal, qui
ne manque pas d'animation ; s'engager dans le
nouveau quartier où s'élèvent des constructions
neuves, c'est-à-dire françaises ; enfin, arrivé sur
la grande place, prendre l'une des trois grandes
voies qui y aboutissent, le faubourg de Bâle, la
rue du Sauvage, ou la rue d'Altkirch, qui est le
grand quartier aristocratique. En 1855, ce nouveau quartier était vraiment neuf, et non pas
médiocrement vain de sa métamorphose. Il n'y
avait pas si longtemps qu'avait disparu la porte
de Bâle, et les hommes de quarante ans seulement se souvenaient fort bien d'avoir connu sur
cet emplacement des terrains vagues ou de
grands jardins dont on nommait les propriétaires.
C'était les Kœchlin, Nicolas et André, qui
avaient transformé toute cette partie de la ville,
et forcé, pour ainsi dire, Mulhouse à sortir de
son étroite enceinte.

Les chiffres, qui sont quelquefois très-men-
teurs, sont bien éloquents aussi, quand ils sont
vrais. Eh bien, qu'on juge de la prospérité de
Mulhouse par ces trois chiffres : en 1831, la
ville comptait de 15 à 16,000 habitants ; elle en
comptait plus de 45,000 en 1855 ; près de 72,000

à la chute de l'Empire! Pauvre grande ville, qu'adviendra-t-il de ta merveilleuse prospérité?... Que seras-tu dans quinze ans? Mais revenons à cette date heureuse, où j'allais apprendre ce que c'est qu'une grande cité industrielle, et comment le travail s'appelle avec raison le progrès.

Ce fut bientôt fait pour moi, je dois le dire, de parcourir et de connaître la ville et les faubourgs. Mulhouse avec tous ses canaux, ses ruisseaux, ses cours d'eau, avait l'aspect morose et triste ; de monuments, point; une vieille église, Saint-Etienne, qui devait bientôt disparaître ; un hôtel de ville, peint en rouge et bariolé d'emblèmes; une colonne, la plus simple du monde, en souvenir de Lambert, le géomètre, — voilà toutes les curiosités de Mulhouse, à moins qu'on n'y ajoute la maison où Montaigne est censé avoir logé. D'ailleurs, d'affreuses petites rues, mal pavées, mal éclairées, avec des maisons larges, étroites, hautes, basses, à pignons, à tourelles, sans proportion , sans alignement, étranges, laides et biscornues ; le marché en plein vent deux fois par semaine; aucun luxe de boutiques; peu de monde dans les rues, — on est au travail : tel était l'aspect général de la ville. C'était bien déjà, cependant, la patrie des Kœchlin, des Dollfus, des Steinbach, des Mieg, des Lantz et des Schlumberger; noms familiers, noms courants, pour ainsi parler, que l'on retrouve sur bien des enseignes de très-modestes boutiques et sur le livre d'or de l'Alsace.

Autre caractère : en 1855, Mulhouse n'avait pas de garnison, et bien longtemps j'ai vu la caserne vide. L'armée était représentée par un bataillon de pompiers, bien organisé, admirablement dévoué.

Il ne m'avait pas fallu deux heures pour prendre counaissance de ma nouvelle résidence ; la seconde impression n'avait pas été beaucoup plus favorable que la première, et quand je rentrai à l'hôtel, il me prit la singulière fantaisie de m'en retourner tout d'une traite à Paris. Aussi bien, joignez à l'effet général de ce panorama en raccourci l'effet non moins désastreux de l'idiôme barbare, de cet allemand-suisse, dans lequel il m'avait fallu recueillir quelques indispensables renseignements. Qui donc me réconcilierait avec Mulhouse, avec moi-même? J'aime à me souvenir, après vingt ans, de l'accueil si bienveillant qui m'attendait à l'École supérieure et au collége : le directeur de l'École, que Lyon a pris à Mulhouse, M. Penot; le principal, M. Serrès, me rendirent un peu de courage, et ma vieille amitié ne se croit pas quitte encore de sa reconnaissance. Ah! l'heureuse rencontre dans cet exil, dans cette solitude, que celle de deux hommes de bien qui vous tendent la main comme à un ami ! J'étais sauvé : il ne me fallait plus que rencontrer, et ce fut tôt fait, mon cher collègue, Ch. de la Sablière, pour secouer tout à fait ma tristesse, pour mieux regarder et mieux voir la ville qui devait être ma seconde patrie, et comprendre enfin ce que la vieille et jeune Mulhouse cachait à mes yeux prévenus de vraies richesses, de probité, de zèle, d'ardente charité et d'amour du bien.

Ami lecteur, on dit qu'il n'y a que le premier pas qui coûte. Le premier pas est fait pour toi comme pour moi .. je tâcherai de te faire maintenant la route la meilleure possible ; puisses-tu ne pas regretter de me suivre !

En quinze ans, la ville s'est bien transformée : deux grands administrateurs, Joseph Kœchlin-Schlumberger et Jean Dollfus ont métamorphosé la vieille cité. Quelques anciens, — très-rares, — avaient bien protesté ; mais la très-grande majorité avait applaudi ; et qu'elle avait eu raison ! C'est la loi : il y a toujours des gens pour regretter le passé, les réverbères qui n'éclairent pas, les coucous qui ne marchent pas, les rues sans soleil, et le reste. Mulhouse fit comme Paris : elle s'étendit de toutes parts ; ses ruisseaux, ses fossés firent place à de larges rues, à des boule-

vards plantés d'arbres ; de grandes voies cou-
pèrent la ville, quelque peu en zig-zag sans
doute (on ne peut pas tout faire ou refaire à la
fois) ; elles reliaient, en somme, les faubourgs,
Dornach à Bâle, Colmar à Belfort. La vieille
église Saint-Etienne tomba et la ville vit s'élever
simultanément le temple protestant et l'église
catholique, deux monuments qui eurent le tort
de rivaliser de hauteur, et dont l'un, [au moins,
y perdit ses proportions. Comme si Dieu réser-
vait ses premières faveurs aux plus hauts clochers! L'homme n'est pas parfait ; les clochers
de Mulhouse non plus.

Une halle couverte, une prison, un théâtre,
une école professionnelle, et j'en passe, autant
de constructions qui s'élevèrent dans l'espace
de quelques années, et changèrent la physionomie de Mulhouse. Et tout cela, cependant,
n'est pas Mulhouse! Qui voudra voir, comprendre, apprécier Mulhouse devra sortir de la
ville et gravir le coteau qui la domine. C'est des
hauteurs du vignoble qu'on se rend un compte
exact de ce qu'est, de ce qu'eût été, avec
le temps, la grande cité manufacturière. Par
quelque belle matinée de printemps, montez au
Tannenwald (forêt de sapins), et arrêtez-vous à
mi-côte pour contempler le magnifique panorama
qui s'offre à vous : à l'horizon, la chaîne des

Vosges ; là-bas, à l'est, le Rhin : à vos pieds la plaine, et, sur un espace immense, toutes ces grandes manufactures avec leurs hautes cheminées : la nature dans son impassible majesté, et l'homme la sanctifiant par le travail. Filatures, tissages, impressions, fonderies, — c'est l'activité humaine sous ses mille formes, l'activité décuplée par la vapeur. Cent cinquante cheminées vomissent la fumée, qui tantôt se dissipe en flocons légers qu'emporte le vent, tantôt, par les chaudes atmosphères d'été, s'épaissit et plane sur la ville, en lui voilant le ciel. Et le chemin de fer, de ses grincements sonores ou de son sifflet aigu, semble animer, activer, exciter le travail de l'homme. Dieu regarde et bénit... Je parle de 1870 !

Quelle vie ! quelle animation ! Les manufactures se multipliaient : filatures de laine et de coton attiraient d'année en année des flots de population nouvelle, et l'on ne parlait de rien moins que de reculer les bureaux d'octroi jusqu'à Dornach, Bruebach ou Riedisheim : Mulhouse étouffait dans son enceinte. J'habitais, il y a quelque cinq ou six ans, une maison du faubourg de Colmar, qui, au commencement du siècle, avait été le rendez-vous de chasse des Kœchlin : c'était à présent le n° 4 d'une grande voie, longue de deux kilomètres,

et bordée de hautes maisons. Depuis nombre
d'années, les fabriques désertaient la ville,
resserrées qu'elles étaient et gênées dans des
limites trop restreintes. Dès qu'un incendie
éclatait dans nos murs, — et Dieu sait ce que
j'en ai vu brûler de ces vieilles maisons! — une
fabrique nouvelle allait prendre possession des
terrains vagues qui avoisinent Mulhouse, et les
compagnies d'assurances n'avaient pas réglé le
désastre que fonctionnait déjà l'établissement
nouveau. Les ouvriers, cependant, n'avaient pas
chômé; les patrons avaient su tirer parti d'eux
et utiliser leurs loisirs forcés. Qu'on se figure
une grande ruche où pas une abeille n'est
oisive. L'exemple parti d'en haut profitait en
bas : les grèves, à Mulhouse, n'ont été que des
accidents sans lendemain; les entrepreneurs de
désordre n'ont jamais eu chance de succès dans
la Haute-Alsace; il n'y a pas de paresseux.

Ville heureuse que celle qui mérite une semblable louange! Ville honnête où la fortune
repose sur le travail, et s'appelle à juste titre
libéralité, bienfaisance, charité. Le choix des
preuves serait facile; au reste, nous saurons à
quoi nous en tenir quand nous examinerons en
détail les institutions privées de Mulhouse. Ne
quittons pas encore l'aspect général de la ville :
rien de curieux comme ce flux et ce reflux de la

population, aux différentes heures de la journée,
selon que la cloche appelle l'ouvrier à la fabrique
ou le rend à sa famille. De midi à une heure,
c'est le bruit et le mouvement, comme au soir
de sept à huit, le soir surtout. La journée est
faite, et l'homme s'appartient. Le contre-maître
descend en ville ; l'ouvrier regagne par groupes
son logis, qui est quelquefois éloigné de deux
ou trois lieues. Qui dit l'ouvrier dit l'ouvrière :
comme lui, elle s'en retourne à la maison, trico-
tant d'habitude pour abréger la longueur du
chemin ; tout ce monde est né travailleur, et les
fainéants sont la grande exception.

Tout s'enchaîne et s'entraîne. Les ouvriers,
dirai-je, font comme le patron ; les fils suivent
l'exemple des pères. La jeunesse, qui est trop
souvent l'ardeur au plaisir et l'intempérance,
rougirait à Mulhouse d'être oisive : quand on
s'amuse, ce n'est pas au détriment du travail
quotidien. Dieu me garde de gâter mon éloge
par une exagération de parti pris, en représentant nos jeunes gens comme des modèles achevés
de la sagesse ! La chanson le dit : « *Faut d'la
vertu ; pas trop n'en faut.* » Sans doute, et ces
messieurs fêtent leur jeunesse à Mulhouse
comme on la fête à Paris. Toutefois, il le faut
dire, l'extravagance y est rare, et ceux qu'on
appelle les *gommeux*, — une expression que je

n'approuve pas, tout en m'en servant, — sont
montrés au doigt à Mulhouse. — On ne comprend pas, on n'admet pas en Alsace les non-
valeurs. Comme on périrait faute d'air, — faute
de travail, on s'étiole et l'on dépérit dans cette
atmosphère du travail. Dessinateurs, chimistes,
mécaniciens, les fils sont partout dans les ateliers,
à moins de pratiquer le commerce dans les
bureaux, sous l'œil vigilant du père. Existence
sévère, me dira-t-on ; non pas, l'heure des loisirs sonne aussi, et les chevaux, les armes, la
musique sont là pour reposer et distraire ces
jeunes esprits. Vrai pour le grand nombre, je
consens que ce tableau est un peu forcé et trop
beau pour tous. A quoi j'opposerai cette phrase
convenue, dont la juste portée m'échappe
encore : « L'exception prouve la règle. »

Faut-il dire qu'il est question toujours des
belles années d'autrefois et que ce tableau est
celui de 1870? Si quelque chose est de nature à
caractériser la ville d'à présent, c'est l'absence
des jeunes gens. Des enfants qui suivent les
premiers cours du Collége ou de l'Ecole professionnelle ; des Suisses qui vivent à Mulhouse
pour y apprendre le commerce ; des Allemands
que la guerre y a conduits à la suite des fonctionnaires de l'Etat, voilà ce que vous rencontrez de
jeunesse depuis l'annexion. Imaginez-vous rien

de plus triste ? Une ville sans jeunesse, c'est un jardin sans fleurs. Que les jeunes filles me pardonnent de les avoir oubliées ! Non, ce n'est pas oubli, c'est plutôt respect : est-ce elles, aussi bien, qui peuvent et doivent représenter le mouvement et l'entrain de la vie ? Elles en sont le charme et la grâce ; les jeunes gens en sont le bruit et la fête.

Et comme ils s'entendaient naguère pour égayer, animer la ville du travail ! C'était alors une kermesse de tous les jours, — du moins, en hiver : bals, théâtre, concerts se disputaient la foule ; la fortune aime le plaisir. Ainsi disparaissait peu à peu l'antique simplicité des aïeux : avant de franchir aucun seuil, regardons dans la rue, et voyons s'ouvrir l'un après l'autre tous ces magasins de luxe inconnus encore à l'époque où j'arrivais. La petite boutique d'autrefois, perdue au centre de la ville, dans des rues étroites et tortueuses, est devenue l'élégant magasin du nouveau quartier, de la rue de Sinne ou de la place de la Paix. L'article de Paris a ses représentants attitrés ; les dentelles et les étoffes précieuses s'étalent orgueilleusement aux Villes de France ; l'orfèvrerie, les cristaux, les modes rivalisent de luxe ; Emile Perrin, le libraire, trop au large, en 1855, dans sa rue des Boulangers, ne trouvait plus, à la veille de la guerre, un emplacement digne de lui : tout enfin s'agrandissait et s'embellissait. Et chacun était fier de sa prospérité, qui était sienne dans une certaine mesure, et la fortune publique croissait avec les fortunes particulières...

Hélas ! encore hélas ! C'était en 1870.

II.

La Société. — Mœurs et Usages.

Qui a vu la ville doit désirer connaître les habitants ; connaissons donc la société à Mulhouse. Si nous étions à Strasbourg ou à Colmar, il suffirait d'un tour de promenade au Broglie ou au Mail pour vous présenter les notables, — les notables qui ne sont pas, à dire vrai, toute la société, mais qui en sont les types plus ou moins accrédités, quelquefois les héros. C'est une des particularités de Mulhouse de n'avoir pas de Broglie ou de Mail, et de ne pas s'exposer à jour et à heure fixes aux regards de la foule. Est-ce un bien ? Est-ce un mal ? Je ne m'engagerai pas dans cette discussion ; je constate le fait, et je passe.

On a beau être une ville démocratique, les classes n'en subsistent pas moins. Mulhouse les a maintenues : elle a bien fait ! Oui, sans doute, j'ai vu les jours d'élection politique deux ou trois de nos millionnaires descendre dans la rue, parcourir les sections, et serrer fraternellement la main des ouvriers qui votaient pour leurs amis ; mais cette égalité était toute en dehors ; cette fraternité durait juste ce que durait l'élection, un jour ou deux, jamais trois, et chacun reprenait son rang. Le démocrate millionnaire redevenait le patron très-aristocratique. Les chimériques ne le sont pas tant qu'on pense : les égalitaires d'en bas veulent bien monter ; les égalitaires d'en haut ne veulent jamais descendre..... Mais revenons à Mulhouse et à ses classes.

A l'ouvrier d'abord ! Il est laborieux, nous le savons, et sa vie est réglée comme les jours de la semaine ; reste le dimanche. Hiver comme été, il va à l'église ; de quatre heures du matin à midi, les offices se succèdent, et l'église ne désemplit pas : je dis l'église, parce que la grande majorité de la population ouvrière est catholique, tandis que les patrons sont protestants. Ce devoir rempli, les uns s'en retournent à la maison, où vous pouvez penser que le travail ne manque pas ! les autres s'en vont à la bibliothèque où ils renouvellent leur provision de la semaine ; d'autres, enfin, l'été venu, se dirigent vers le Tannenwald (bois de sapins) et s'installent en famille dans quelque épais fourré : ceux-là

2

font provision de bon air, et ne sont pas les plus
malavisés. La jeunesse danse de deux heures de
l'après-midi à dix heures du soir ; cornets à pis-
tons, trombonnes et tambours font rage dans les
faubourgs, et la valse alternant avec la polka
emporte bien des Dorothées aux bras de bien des
Hermanns. Les cabarets et les brasseries ont
aussi leurs fidèles, et dame ! il y a des absents,
le lundi, à l'atelier.

L'employé de bureau et le fonctionnaire, qui
forment la classe intermédiaire, ont leurs habitudes aussi. Ceux qui n'ont pas de jardin où
passer leur journée prennent volontiers le chemin de fer et s'en vont vers quelqu'un de ces
endroits connus, dont le principal inconvénient
est justement de ne vous point laisser à vous-
même. C'est Watwiller, une station de bains, où
Mulhouse s'en va retrouver Mulhouse de
dimanche en dimanche ; c'est un peu plus bas
Uffoltz, la renommée des carpes frites, une
trouvaille, une merveille culinaire, mais qui ne
saurait se transporter ; c'est Molau, dans l'admirable vallée de Wesserling ; c'est Soultzmatt,
autre station de bains, perdue dans les Vosges, et
Soultzbach, à deux pas du Ballon d'Alsace, —
tout ce pays enfin, ce beau, cet admirable pays
de vallées sans pareilles et de montagnes charmantes, — quand elles étaient françaises ! Que

de fois, ô mes enfants, avons-nous été en chemin de fer jusqu'à Saint-Louis ; nous gagnions
le Rhin que nous traversions sur çe pont volant
qui vous étonnait et vous amusait tout ensemble;
nous entrions dans le duché de Bade, et après
avoir longé la rive droite du fleuve, nous allions
déjeuner à Bâle : en une heure et demie, nous
avions foulé le sol français, navigué sur le grand
fleuve franco-allemand, traversé un coin de
l'Allemagne, et vu les premières campagnes de
la Suisse. — Et quand nous poussions jusqu'à
Badenweiler ! C'était bien, avant 1870, la plus
jolie résidence qu'on pût rêver, un parc charmant taillé dans la Forêt-Noire ; Badenweiler
vivait de l'hospitalité qu'on lui demandait, de
Mulhouse à Strasbourg ; Badenweiler aujourd'hui
meurt de notre abandon ; et tous les virtuoses
du grand-duché souffleront longtemps dans leurs
trompettes et useront bien des archets avant d'y
ramener un Français d'Alsace.

Ce serait tout un poème à écrire que le poème
des excursions du Mulhousien : poème ému ; car
il aime ses vallées, ses montagnes, et il a bien
raison. Puis je me plais à lui reconnaître cette
grande sagesse de chérir son pays, de le bien
connaître et de le préférer même à la Suisse.
Pourquoi non ? Ami lecteur, connaissez-vous la
vallée de Munster, et Gérardmer, et les Trois-

Epis? Heureux, en vérité, ces touristes sur place, ces excursionnistes de l'*autour* qui connaissent et qui aiment leur chez soi : Danville a bien raison :

> Le Havre! ah ! quel tableau !
> Après Constantinople, il n'est rien d'aussi beau...

C'est ce que l'Alsacien dit des Vosges, et il dit bien. Cette passion de l'*at home* va, cependant, quelquefois trop loin, par exemple, quand mon homme se confine dans son jardin du vignoble, d'où la nuit seule parvient à le tirer, fatigué, épuisé, harassé, mais bien content : il. a des prunes, — et son voisin n'en a pas.

L'aristocratie pousse plus loin ses excursions, voilà toute la différence : on part le samedi soir pour revenir le lundi matin ; on s'en va, qui à Lucerne, qui à Genève, qui à Badenweiler... autrefois, bien entendu. Ce n'est pas vanité ; cette excursion n'est pas une fuite ; tout au rebours, le Mulhousien aime son monde, il est affable ; si même j'osais me permettre une petite critique, je lui dirais qu'il est quelquefois plus affable au dehors qu'en ville, — libre qu'il est alors, j'imagine, de ses soucis, de ses préoccupations, de ses affaires. Non, ce n'est ni vanité ni orgueil s'il porte ses pas plus loin que son secrétaire ou que son caissier. Mais en somme pour qui seraient faits les chemins de fer et les grands hôtels, si ce n'était pour les gens riches ? Je parle de l'été ; car, en hiver, le Mulhousien chasse. C'est même un de ses luxes que les belles armes et les belles meutes. Joignez-y l'occasion, cette belle forêt de la Harth, naguère si giboyeuse, et que nos millionnaires se partageaient en six ou sept lots. La Harth ! Je ne puis me rappeler ce nom sans me souvenir en même temps de cet officier supérieur qui demandait, en 1870, à l'excellent M. Nicolas Kœchlin, « *si nous avions des ponts sur la Harth;* » il croyait que c'était une rivière ! Donc Saint-Hubert a de fervents adeptes à Mulhouse, je vous en atteste, ô vous le grand louvetier, ami Fritz, qui tenez si bien le fusil de chasse ou le fusil de munition, malgré vos soixante-quinze ans !

Mais il n'y a pas que des dimanches, et la semaine compte six jours. Voici donc comment s'emploie la journée de nos industriels : en toute saison, le patron est à la fabrique de cinq à six heures du matin jusqu'à midi ; sa voiture le vient prendre à midi juste et le ramène en ville ; à une heure il a dîné, et s'en vient au cercle où il prend son café, fait une partie de cartes, de dominos ou de billard. Que de fois ai-je vu attablés trente ou quarante millions jouer fiévreusement leur consommation, trente centimes ! Point de jeu

d'argent, le whist est la partie de prédilection ;
nous avions au grand cercle social dix ou douze
tables réservées où se livraient ces batailles
innocentes, lesquelles ne se prolongeaient guère
au delà de deux heures, deux heures et demie ;
et l'on retournait au travail jusqu'au soir. De
sept à huit, les salons du cercle se remplissaient
de nouveau pour se vider, huit heures sonnant.
La soirée, à Mulhouse, est à la famille. Si le gaz
brûlait encore passé cette heure, c'est que quelques fonctionnaires du dehors, garçons pour la
plupart, maintenant les habitudes parisiennes,
y venaient chercher un refuge contre la solitude.
Eh bien, — c'est un souvenir que je n'évoque
pas sans quelque surprise, — ces révolution-
naires si pacifiques étonnaient, déconcertaient
les vieilles habitudes suisses ; je sais des économes, un peu trop économes peut-être, qui se
plaignaient de ces extras; les domestiques
étaient scandalisés. A dix heures, au surplus,
tout était rentré dans l'ordre, et le gaz était
éteint.

Cette petite révolution eut son jour, — je
devrais dire *son soir*, — quand Mulhouse devint
sous-préfecture. La ville se vit tout à coup
envahie par un flot de fonctionnaires, qui fit
tressaillir plus d'un ancien. N'était-ce pas l'élément étranger qui s'impatronisait, pis encore,

qui s'introuisait à Mulhouse? Il y eut comme un mouvement de recul. Mais l'étonnement fut de courte durée, et la sympathie s'établit vite entre l'ancien régime et le nouveau. Il ne fallut que le temps de se connaître ; Joseph Kœchlin-Schlumberger, vrai bourgmestre, mais si bon Français, tendit la main à l'excellent M. de Jancigny, le premier sous-préfet de Mulhouse, et le contrat fut signé, jamais rompu. Tout le monde était d'accord à faire le bien, et la sous-préfecture rendit de grands et importants services à Mulhouse.

Puisque j'ai nommé Joseph Kœchlin-Schlumberger, qu'il me soit permis d'évoquer en passant le souvenir de cet homme, qui fut si utile à son pays. Kœchlin-Schlumberger avait la passion du bien, et une autre passion très-caractéristique, celle de la simplicité qu'il poussait presque jusqu'à la rudesse. L'abord seul était dur. Kœchlin-Schlumberger était grand, voûté ; ses jambes longues et proportionnellement un peu grêles semblaient insuffisantes à porter ce buste énorme que dominait une tête large à cheveux tombants et à barbe inculte. Ses yeux, parfois éteints quand la pensée, d'ordinaire sérieuse, était concentrée, s'animaient tout à coup et pouvaient sourire avec une grande douceur ; bien souvent je me suis figuré, le voyant, ce paysan du Danube, si plein de sagesse ; Kœchlin-Schlumberger avait la sagesse et la bonté. A cinquante-cinq ans, il s'était retiré des affaires, et comme il avait fait les siennes, il se mit à faire celles des autres, mais non sans négliger la culture de son esprit. En moins de dix années, il s'était acquis une solide renommée de géologue, et la science lui doit un magnifique travail sur les Vosges ; à soixante-cinq ans, lorsqu'il s'agit pour lui de rédiger ses notes, il jugea que son instruction française était insuffisante, et il se remit à l'étude. Je connais tout particulièrement le maître qui lui donna des leçons, mais des leçons de grammaire, des leçons de participes, et qui fut plus d'une fois embarrassé de l'ignorance, non pas, vraiment ; mais des connaissances de son élève. Dès cinq heures du matin, l'élève était dans sa chambre d'études, qu'il ne quittait que pour la mairie. Qu'on ne me reproche pas d'avoir dessiné trop complaisamment ce type étrange ; plus d'un Mulhousien se pourra reconnaître à ces traits énergiques, à cet amour de la chose publique, à cette sincérité un peu brusque et jalouse de son autorité, parce que cette autorité reposait sur dèux bases solides : la science et la conscience.

Jean Dollfus, qui a succédé à Kœchlin, a sa physionomie bien distincte aussi. Le jour où

M. Jules Simon le proclamait un grand citoyen, Mulhouse applaudissait, et Jean Dollfus n'avait pas encore donné sa mesure ; l'histoire, un jour, pourra et devra enregistrer sa conduite héroïque à l'époque de l'invasion ; je ne me souviens aujourd'hui que de l'ancien maire. Jean Dollfus, c'est l'homme de l'initiative ; s'il a une supériorité marquée sur son illustre prédécesseur, c'est son audace à entreprendre. Tandis que Joseph Kœchlin-Schlumberger méditait, consultait, pesait tous les avis, discutait, et remettait volontiers pour agir, — Jean Dollfus agissait. Il consultait bien le conseil municipal, mais surtout il l'entraînait; l'idée chez lui était prompte ; non moins prompte était l'exécution. Quant aux obstacles, il avait pour les lever, outre une volonté de fer, un levier d'or, dont il s'est beaucoup servi. Dévorante activité que celle-là ! Il avait transporté de la fabrique à la municipalité ses habitudes de commandement ; ceux qui commençaient par s'en étonner finissaient, et vite, par fléchir et obéir, tant son commandement était le plus souvent sûr, désintéressé toujours ! C'était bien l'homme nouveau, d'ailleurs, l'homme du progrès ; quelques années de plus, il eût tout refait, ouvert des voies nouvelles, agrandi les cités, construit des écoles, et son administration, j'aime à le dire, cherchait moins la gloire que le bien, la popularité que l'intérêt public. Le jour où nous parlerons des grandes institutions de Mulhouse, — nous citerons toujours et partout Jean Dollfus ; je le répète avec M. Jules Simon : c'est un grand citoyen.

M'en voudra-t-on d'avoir tracé ces portraits? Ils me sont venus si naturellement à l'esprit, tandis que je causais de l'Alsace, que je n'ose pas regretter mes souvenirs; et puis, ce sont des types, je le redis, auxquels plus d'un Alsacien se pourra reconnaître. — Vous me dites, cher lecteur, que des portraits de femme vous agréeraient davantage? Patience, ces dames auront leur tour; la société, c'est bien elles, elles aussi, elles surtout; je vous ai conduit au cercle; nous trouverons bien moyen de pénétrer dans quelque réunion intime et d'aller prendre le café avec ces dames..... Le café? Eh bien, oui; je vous ai promis de vous retracer les mœurs et les usages de Mulhouse, je me vais mettre en quête d'une invitation, et nous prendrons le café de compagnie, au premier jour.

Un mot résume très-justement l'idée qu'on se peut faire de la société à Mulhouse, et ce mot, c'est : famille. La famille, à Mulhouse, est souveraine; l'esprit de famille y exerce du petit au

grand sa légitime influence. Or, si l'homme est
le chef de la famille, la femme en est l'âme. Les
rôles sont bien dessinés, bien partagés : monsieur, c'est la raison sociale ; madame, c'est la
société ; monsieur, c'est la fabrique ; madame,
c'est le salon. — Où dînez-vous ? Chez Mme Eug.
de P... — Est-ce que Mme Nic. K... ne nous donne
pas de fête, cet hiver ? — Le bal de Mme Laz.
L... a été charmant. — N'imaginez pas, cher lecteur, que vous n'avez à faire qu'à des veuves,
non pas ; je vous cite ici les meilleurs ménages.
Seulement, ces messieurs s'occupent de gagner
les millions, que ces dames dépensent avec
économie, je veux dire avec sagesse et grâce.

Je vous ai promis de vous conduire aujour-
d'hui dans la compagnie des dames : nous y
voici. Le trait général et caractéristique, c'est
encore l'activité. Précieuse activité ! le pire des
dangers, c'est le désœuvrement, et le danger
s'accroît, dirais-je, en raison directe de la
fortune. Avoir le moyen de satisfaire toutes ses
fantaisies, et le loisir pour s'en pouvoir créer
incessamment de nouvelles, c'est côtoyer un
abîme, ayant le vertige. Toutes les fièvres, à
peu de chose près, sont pernicieuses : mais la
fièvre du plaisir est bien de toutes la plus à
redouter. Les preuves ne manquent pas, et très-
assurément, à compter les fameuses pécheresses

dont Paris a salué les chutes, regardez bien, les
plus illustres ont toujours été les plus désœu-
vrées. Où voulez-vous qu'en arrive la femme
qui traîne sa vie dans les concerts, dans les
théâtres et dans les bals, qui vit hors de chez
elle, pis encore, hors d'elle-même, et n'a d'autre
pensée que sa couturière, d'autre plaisir que
d'être vue le même soir en quatre endroits différents avec quatre toilettes, d'autre ambition que
de lire le lendemain ses succès de robes dans le
Figaro. Si peu maîtresse de famille, si peu femme,
si peu mère !... Le portrait est chargé ; volontiers ; mais concession n'est point rétractation, et
nous savons tous ce que la femme mondaine
affronte de périls... Mais quittons le sermon pour
l'histoire.

A Mulhouse, on s'est créé des occupations, et
la guerre n'a rien changé aux habitudes prises.
Tout au rebours : il y a les occupations utiles et
les occupations agréables. Bien entendu que je
me tiens toujours aux généralités, et ne veux
faire le portrait de personne. Parmi les occupations agréables, la musique. Je me souviens
avec grand plaisir avoir été bien des années le
secrétaire de la *Concordia :* que de fêtes charmantes dont j'ai enregistré les succès ! Son président était le neveu d'H. Reber, de l'Institut;
son directeur, cet Heyberger qui en moins d'un

an s'est créé a Paris une solide renommée et qui dirige aujourd'hui les chœurs du Conservatoire ; sa directrice, Mme Rieder, une excellente cantatrice qui a fait d'excellentes élèves. Nos réunions étaient des fêtes de famille, où tout le monde avait la meilleure part, les exécutants et les auditeurs, ceux qui chantaient et ceux qui écoutaient. Nos chœurs mixtes atteignirent un rare degré de perfection, — que l'esprit d'émulation ne peut que maintenir, car si j'ai nommé la *Concordia*, c'est un souvenir tout personnel et comme un égoïsme de mes vieilles amitiés ; il y a dix ou douze sociétés chorales à Mulhouse, et pour la plupart très-florissantes.

Les occupations utiles, ce sont les ouvroirs et les écoles : allez à Mulhouse, et je dis Mulhouse comme je dirais l'Alsace, — aux alentours de Noël ; c'est la saison des étrennes pour tout le monde, et, d'abord, pour les malheureux. Huit et dix jours durant, vous verrez, dans les riches hôtels du nouveau quartier ou dans les écoles des faubourgs, de splendides illuminations : c'est l'arbre de Noël, un beau sapin des Vosges éclairé de mille bougies rouges, bleues, blanches, tout enguirlandé de faveurs et chargé de fruits, d'oranges et de bonbons. Mêlez-vous à la foule ; tout le monde est invité, et tout le monde est heureux, celles-là surtout qui font le bien. Cinq ou six de nos grandes dames sont les patronnesses de l'œuvre ; elles ont fait les frais de la fête, et si les enfants ouvrent de grands yeux devant ces belles lumières et ces sucreries, regardez les mères à qui s'adressent les plus beaux présents : là, dans un coin, sur les tables, voyez-vous rangés, étiquetés tous ces paquets volumineux : quand le pasteur, qui préside à la fête, aura raconté aux enfants l'origine de ce Noël ; quand les enfants auront chanté leur cantique ; quand on leur aura partagé les dépouilles opimes de ce beau sapin, — ce sera le tour des pauvres mères ; à chacune son présent : des vêtements pour elle, ou pour ses enfants ; des provisions de sucre, de riz, de café ; du pain et de la viande pour ce jour de fête, — la vraie charité, enfin, celle qui serre la main qu'on lui tend.

Les ouvroirs ne sont pas une institution si particulière à l'Alsace qu'il y faille une note spéciale : je n'en veux donc rien dire, sinon que les dames, à Mulhouse, consacrent d'habitude deux et trois après-midi par semaine à leur œuvre charitable ; ce sont des layettes pour les nouveau-nés, disons d'un mot tous les travaux de la couture pour ceux et celles à qui manque le temps ou les moyens. Et quiconque s'est engagé dans la compagnie s'astreint à ses lois ; on paye les absences, on paye les négligences, et l'ouvroir bénéficie tout à la fois du travail et du relâchement.

Vêtir les malheureux est fort bien fait, instruire les ignorants est encore plus sage ; en disant cela, je pense aux écoles du dimanche. Les dames de Mulhouse ont adopté un certain nombre d'enfants pauvres, à qui elles enseignent le français. Ecrire, lire et compter ; un peu d'histoire et de géographie ; voilà le fonds de l'enseignement. Que faut-il de plus à beaucoup que ce premier degré d'instruction? L'école a lieu le dimanche, par l'excellente raison que l'enfant travaille toute la semaine, et vient en aide à sa famille, dès qu'il en a la force. La bonne idée, que celle qui établit du riche aux pauvres ces liens solides du dévouement et de la reconnaissance ! A défaut des mères, les jeunes filles remplissent l'office de sous-maîtresses, et je ne doute pas qu'elles ne retirent, elles aussi, le meilleur fruit de l'institution : elles apprennent à connaître les malheureux, à les servir, en même temps qu'à s'en faire aimer et respecter.

La Commune n'a guère de chance de succès à Mulhouse, et j'en félicite Mulhouse : quatre braillards d'estaminet n'y prévaudront pas, de longtemps au moins, contre ces habitudes de travail et ces exemples de sagesse.

Mais le café ? C'est vrai. Alfred de Musset a dit avant moi :

J'oublie à tout moment que je suis gentilhomme ;
Revenons à mon fait : tout chemin mène à Rome...

et mène à Mulhouse, où le café est très en usage, très en honneur, comme je le disais l'autre jour par manière de plaisanterie. Les jours favoris de réunion pour les dames sont les mercredis et les vendredis ; la raison, je ne la connais point, et je suppose, cher lecteur, qu'elle ne t'intéresse guère. C'est entre deux et six heures qu'on se réunit, à quatre que l'on goûte ; et la base du goûter, c'est le café au lait. Ici je me vois obligé à des réflexions ,très-profondes d'hygiène et de physiologie. Quand j'arrivai en Alsace, j'avais la conviction arrêtée que le café au lait était pour les dames un aliment déplorable. J'avais ouï dire à Paris que la Faculté tout entière, plus unie qu'au temps de Molière, prescrivait le café au lait. J'ignore quelles raisons elle en avait, ou même si elle avait une raison quelconque ; ce que je sais, c'est qu'entre Bâle et Colmar, à quatre lieues des Vosges et du Rhin, le café au lait n'a tué personne ; que la santé publique n'a point souffert de l'usage, voire même de l'abus, et qu'on prend impunément à Mulhouse le café au lait le matin et le soir. Je veux dire plus ; sans rapporter au café toutes les vertus de la famille, j'affirme que j'ai vu bien des grand'mamans servir sans trembler le café au lait à leurs arrière-petites-filles. Ce qui revient à dire que les familles sont nombreuses et qu'on vit longtemps à Mulhouse, tout en prenant le café.

Il est très-rare que l'élément masculin soit représenté dans ces réunions intimes ; il y en a toutes sortes de raisons, et la première, c'est que les maris sont à leurs affaires ; mais rentreraient-ils du bureau ou de la fabrique qu'ils s'abstiendraient encore, habitude ou convenance. Je n'ai guère connu qu'un vieillard, esprit aimable et fin, charmant causeur, poète à ses heures, et poète lauréat de l'Institut, ne vous déplaise, infatigable et incomparable lecteur, qui fût admis à ces réunions, qui même y fût recherché. Aussi longtemps qu'il lisait ou parlait, l'aiguille faisait sa besogne, et, soit dit sans malice, on eût oublié, pour l'entendre, le café au lait ! — Ici je vois poindre comme un reproche à l'adresse de nos dames, et des goûts un peu luxueux protester contre tant de simplicité. — Permettez, madame ; permettez, ami lecteur ; j'ai dit que le café au lait était la base du goûter, mais non le goûter même ; croyez bien que nul esprit de lésinerie ne préside à ces agapes, et si vous étiez gourmand, monsieur, vous ne vous plaindriez pas du service. 3

Mais voici que je touche à une corde sensible;
qu'y faire? Je suis historien, et, d'ailleurs, le
demi-défaut que je veux signaler est le point de
départ d'une grande qualité. On mange volontiers à Mulhouse parce qu'on y mange très-bien :
le luxe de la table y est très-soigné, et les dîners
abondent. A quoi voulez-vous qu'on dépense son
argent? Point de théâtre; des concerts assez
rares; danser, c'est bon pour la jeunesse, mais
la jeunesse passe; où donc se rencontrer, sinon
à table ? On soupe ; c'est le repas du soir qui
est le grand repas, lorsque la journée est finie,
bien finie, et que l'industriel s'appartient à lui,
à sa famille et à ses amis. Ici peut-être me res-
terait-il à copier quelques illustres menus; mais
je n'écris pas pour M. Monselet ou pour les
mânes du baron Brisse, et je ne m'adresse point à
des estomacs. Certains détails particuliers me
semblent plus piquants : il m'est arrivé, par
exemple, de dîner à la table d'André Kœchlin, au
milieu de trente et quarante convives qui s'exta-
siaient avec raison devant la magnificence du
festin, et ne remarquaient pas que le maître de
la maison se nourrissait de radis, d'un morceau
de viande noire, d'un peu de salade, et buvait de
l'eau. André Kœchlin, qui était, je crois, l'aîné
de dix-huit frères, avait été élevé à la dure, et
de sa première enfance il avait gardé le goût

d'une extrême sobriété. Enfant, me disait-il, il portait des sabots, et pas toujours ; il n'avait jamais eu ni cravate ni casquette, et le premier faux-col qu'il avait dû mettre à plus de vingt ans l'avait gêné cruellement ; plus d'une fois il avait emporté de la maison, pour sa journée, un morceau de pain sec, et, le régal étant un peu maigre, il avait, en maraude, déterré des carottes qu'il savourait avec délices ; la nuit, en hiver, il couchait d'ordinaire avec ses vêtements pour couverture, et la fenêtre ouverte. La chose vous étonne, cher lecteur ; vous serez bien plus étonné si je vous dis que la fenêtre était ouverte par principe, et sur l'ordre du père, le docteur Kœchlin, qui ne manquait pas d'aisance cependant, mais qui voulait faire de ses dix-neuf fils des hommes énergiques, et qui a pleinement réussi. André Kœchlin, qui vient de mourir à quatre-vingt-cinq ans d'une fluxion de poitrine, a créé le plus vaste établissement de Mulhouse et laisse à ses héritiers une vingtaine de millions ; son frère cadet, Fritz, offrait un jour au Gouvernement 500,000 fr. pour équiper une légion, et, à soixante-dix ans, il s'en venait à Paris, supporter les fatigues du siége et se battre comme les plus jeunes. La race était bien trempée, il faut le dire.

Mulhouse, à table, est frugale ; au bal,

Mulhouse est sage. C'est une bonne note à lui
donner, et son exemple est bon à suivre ; je le
demande à toute personne de sens, ou seulement
de sang-froid : est-ce un réel plaisir que celui qui
traîne après lui la fatigue et le malaise ? Si le bal
est un divertissement pour vous, pourquoi en
reculez-vous le plaisir ? pourquoi en prolongez-
vous la durée jusqu'à la satiété ? Qu'on se mette
en danse à l'heure où il ferait si bon se mettre
au lit, et qu'on s'agite dans les convulsions du
cotillon à l'heure où le premier jour éclaire les
teints blafards, les regards éteints, les toilettes
défraîchies et déchirées, est-ce plaisir ? Et je ne
parle pas des lendemains : tête lourde, bouche
sèche, yeux brûlés, intelligence épaisse. Voici
où j'admire Mulhouse : les jours de bal, à neuf
heures tout le monde est arrivé ; à trois heures
tout le monde est parti ! on a encore cinq ou six
heures pour dormir, et le lendemain on se
reprend au travail sans trop de fatigue avec ce
joyeux excitant du souvenir, ou du plaisir dont
on n'a point abusé. Ai-je tort de dire que
Mulhouse est sage et de bon exemple ? Eh ! quoi
de plus charmant qu'une jeune fille qui a gardé
jusqu'au bout ses fraîches couleurs et qui porte
fièrement sa couronne de roses au lieu de traîner piteusement sa robe en lambeaux et d'épar-
piller dans les salons les fleurs de sa coiffure ?

Oui, vraiment, quelle sagesse, — et quelle adresse que de rester jolie jusqu'à la fin !

> Je détesterais, avant toute chose,
> Ces vieux teints de rose
> Qui font peur à voir...
> Je ne voudrais pas, si j'étais Julie,
> N'être que jolie,
> Avec ma beauté;
> Jusqu'au bout des doigts je serais duchesse;
> Comme ma richesse,
> J'aurais ma fierté...

Je ne crains point de conclure en disant que la tempérance, c'est encore la santé ; et je n'en veux pour preuve que deux façons d'anecdotes, dont j'ai été le témoin.

Le 16 mai 1875, j'étais convié à une fête de famille qui n'est pas des plus communes. La grand'maman, la fille et la petite-fille se mariaient le même jour, c'est-à-dire que l'aïeule célébrait le 50e anniversaire de son mariage, — noce d'or; — la fille son 25e anniversaire, — noce d'argent; — la petite-fille épousait un de nos plus jeunes négociants. Qui ne serait ému, au spectacle de cette triple consécration religieuse de trois générations?

C'était une fête analogue que célébrait Jean Dollfus le 23 octobre 1873 ; Mulhouse, envahie,

était encore sous le coup d'une si profonde
tristesse que Jean Dollfus avait cru devoir
demander à la Suisse pour cette journée sa
libre hospitalité ; et la noce d'or fut célébrée à
Villeneuve, sur les bords du lac de Genève. On
connaît, ou l'on devine la Suisse ; on ne la
décrit pas : Villeneuve est une des plus belles
parties du beau Léman ; tout l'Hôtel Byron avait
été réservé à la famille Dollfus ; quelques absences
forcées, quelques indispositions imprévues ou
prévues, par exemple la naissance d'une arrière-
petite-fille, avaient réduit les invités à 97 ! Jolie
tablée encore, et que présidaient les époux avec
une bonté touchante... mais c'est fête de
famille, et je ne serai point indiscret : tout ce
qu'il me plaît rappeler, c'est que l'amphytrion
entendit que tous les frais fussent à sa charge et
qu'il n'en coûtât rien à personne de venir de
Mulhouse, de Paris, ou du Havre ; et la fête dura
huit jours !

Elle fut de vingt-quatre heures à Mulhouse ;
mais elle fait trop d'honneur au grand cœur de
Jean Dollfus pour que je redoute ici d'être indiscret ; tous les employés de la maison furent
réunis dans un banquet solennel, que présidait
le chef de la maison de Paris ; et voici, enfin, la
part faite aux ouvriers de la fabrique : cinq
cents francs furent alloués à tous les ouvriers et

ouvrières qui comptaient plus de trente années de services ; deux cent cinquante, à ceux qui en comptaient plus de vingt ; de plus, une haute paye de 25, 20 et 10 fr. fut accordée ce jour-là aux hommes, aux femmes et aux enfants : et la maison Dollfus-Mieg a plus de deux mille ouvriers !

Mulhouse peut-elle être fière de ses enfants !

Avez-vous remarqué, cher lecteur, quel abus on fait en France du mot de police ? La police semble être une institution d'invention moderne, propre à susciter le désordre plutôt qu'à le réprimer. Ce n'est pas moi, au moins, qui le dis ou qui le pense : tout au rebours. Depuis trente ans, j'ai vu la police à l'œuvre, toujours prête à rendre service à tout le monde et à chacun avec un dévouement et un désintéressement sans pareils ; mais l'opinion générale, je dis l'opinion de l'opposition qui est devenue le principe politique le plus répandu, c'est que la police, qui a été créée pour empêcher le mal, s'évertue et réussit à le faire. Le sergent de ville est un perturbateur en uniforme qui est désigné à l'animadversion publique : je parle des temps de calme ; pendant la Commune, on le noyait, après l'avoir assommé.

Si je rappelle ces faits, bien à contre-cœur,

c'est que j'ai toujours admiré à Mulhouse le respect dont jouissait l'agent de police. Tant que la
ville fut française, vingt sergents de ville lui
suffisaient, et de reste; depuis qu'elle est allemande, les agents ont été quintuplés, mais la
ville ne s'en trouve pas mieux. C'est que les
mœurs ont changé : la police, qu'on acceptait
comme un frein salutaire, est devenue un joug
odieux; et voilà comment un pays diffère si particulièrement d'un autre, ou de lui-même. Le
sergent de ville était pacifique comme le Mulhousien était laborieux : la police se faisait toute
seule, et la raison, le respect public auraient pu
s'en passer tout à fait. Bonne ville que celle où
l'ordre est entré dans les mœurs ! Regardez-y de
près, vous comprendrez vite que c'est le bon
sens qui commande ici et dirige l'opinion, et
que le bon sens est plutôt conservateur qu'opposant. Liberté, égalité, ne sont pas, à Mulhouse, des mots vides de sens, mais des idées
étayées sur des principes fixes et des pratiques
honnêtes.

J'en voudrais fournir quelques preuves non
contestables.

Où l'égalité s'établit-elle mieux que dans la
mort ? J'ai toujours admiré à Mulhouse cette parfaite égalité de tous devant la tombe. Pas d'os-
tentation, pas de pompe funèbre, pas d'enterre-

ments de première, de seconde, de dixième ou
de vingtième classe; le pauvre et le riche par-
tent pour le grand voyage dans la même voiture,
et, sauf le plus ou moins de foule qui suit le
corbillard, nul ne saurait dire si celui à qui se
rendent les derniers devoirs fut un millionnaire
ou un pauvre; si la porte d'un riche hôtel ou de
l'hôpital vient de se fermer sur lui. La même
voiture, traînée par les mêmes chevaux, que
conduit le même cocher, s'en va de jour en jour
au cimetière pour les uns et pour les autres.
Faut-il ajouter que la même prière descend du
haut de la chaire évangélique, et que Dieu lui-
même serait embarrassé de distinguer au con-
voi le riche du pauvre? Excellente école que
celle-là : la leçon est de toutes les heures, pratique et parlante. Les plus jeunes esprits s'en
pénètrent, tous les cœurs s'en émeuvent. Et ce
n'est pas tout encore, si le dehors est le même :
les différents cultes obéissent à un même sentiment, et catholiques, protestants, israélites se
confondent, sans arrière-pensée et dans une sorte
de communion de respect, derrière le char
funèbre. J'ai toujours été sensiblement touché de
cet usage, et j'ai admiré ce sentiment d'égalité.

J'oublierais un détail important et bien caractéristique si je n'ajoutais pas un mot à ce souvenir. Mulhouse a une manière d'honorer ses

morts, qui est toute à sa gloire. La famille du défunt recommande sa mémoire par des dons généreux; il n'y a pas de pauvres, pas d'institutions de charité qui n'héritent en ces tristes circonstances, et je me rappelle la formule du journal: « Le maire et les membres de la commission administrative de l'hospice civil de la ville de Mulhouse ont l'honneur de porter à la connaissance du public que les héritiers de X... ont fait don à l'hospice civil d'une somme de..., et à l'institut des pauvres d'une autre somme de... Ces libéralités ont été enregistrées avec reconnaissance. » Cela ne vaut-il pas ce déploiement de luxe où la vanité a plus de part que la douleur, ou bien le *Dies iræ* chanté par un ténor d'opéra comique ?

Puisque j'en suis sur ce lugubre chapitre, une dernière observation : Mulhouse était encore en 1875 récalcitrante, et je l'en félicite, à cette mode ridicule qui, dans les enterrements, entraîne au cimetière un cortége de femmes en deuil. Je ne vois rien de plus déplacé que cet étalage de pénibles émotions ou d'hypocrites curiosités. Non, l'épouse, la fille, la sœur ne sont point faites pour ces funèbres spectacles ; et si les plus proches parentes s'abstiennent d'y paraître, pourquoi de simples connaissances affecteraient-elles de s'y montrer ? L'absence des unes appelle l'abstention des autres : la sagesse et les bienséances approuveront toujours l'ancien usage. Qu'il est donc préférable , tandis que les hommes accompagnent le défunt à sa demeure dernière, de voir la maison où pleure la veuve ou l'orpheline s'ouvrir à leurs amies et n'entendre que les prières du prêtre, ou les larmes, le silence même d'une compagnie sincèrement touchée ! Mais voilà des pages bien tristes... Si , avant de conclure, nous les égayions un peu !...

Je cherche parmi les usages locaux et suis embarrassé de la stérilité de mes découvertes. A Mulhouse, point de cris marchands, point d'appels au chaland, point de veilleurs de nuit comme il s'en conserve encore dans certains villages de la Haute-Alsace. Les deux seuls personnages qui ne laissent pas que de vous surprendre, et désagréablement, c'est le laitier et le ramoneur. Le ramoneur, ici, n'est plus l'enfant de la Savoie, qui s'était créé naguère à Paris une renommée à part : c'est un grand diable d'homme coiffé d'un vieux chapeau de soie ou d'une sorte de casque en cuir qui lui prend la forme de la tête en ne laissant passer qu'un visage barbouillé de suie. Tout de noir habillé, notre homme arpente les rues , tenant à la main un petit balai à lames de fer très-flexibles. Ces lamettes forment une espèce de pompon, qui pénètre assez difficile-

ment dans les tuyaux de poêle, mais qui les
nettoie en perfection. Et Mulhouse a beaucoup
plus de poêles que de cheminées. Là même où la
cheminée étale les splendeurs d'un beau feu de
bois, le poêle ou le calorifère lui apporte son
utile concours. Les hivers sont très-rigoureux
dans la vallée du Rhin et les précautions bonnes
à prendre. Le ramoneur n'en est pas moins la
terreur des enfants et des costumes clairs.

J'aime encore mieux, cependant, le ramoneur
que le laitier. Celui-ci a contre lui une habitude
et une science du sifflet, qui est bien la plus
affreuse chose du monde. Si vous passez entre
sept et huit heures du matin ou du soir dans les
quartiers habités, méfiez-vous! Devant vous,
derrière vous, à vos cotés, vous allez entendre
partir des coups de sifflet aigus, stridents, ter-
ribles, plus pénétrants qu'une dent de scie, et
qui vous ébranleront le cerveau. C'est l'appel au
consommateur, lequel, habitant le fond d'une
cour ou un second étage, perçoit un son presque
doux, tandis que le vendeur écorche sans pitié
l'oreille du passant. Le sifflet de la locomotive
n'est pas plus désagréable. On finit par s'y habi-
tuer, mais il y faut du temps et de la résigna-
tion. Il est vrai qu'il en faut bien plus encore
pour entendre aujourd'hui le commandement du
soldat prussien ou le garde à vous de la senti-

nelle. J'imagine que c'est Richard Wagner qui a
réglé cette musique-là : un long cri guttural, un
cri qui se répète d'heure en heure et qui dure
quinze minutes, un cri de miserere, le cri d'un
homme qu'on écorche et non du soldat qu'on
relève de faction : mais le Prussien n'a rien à
voir ni à faire dans cette histoire : en 1870, on
ne pensait guère à lui.

Je préfère revenir à ma première idée par
un vieux et curieux souvenir : Mulhouse avait
une fête solennelle dont l'anniversaire revient
ces jours-ci, la fête des vendanges ! Ce jour-là,
du matin au soir, la ville était en liesse ; le
vignoble, qui domine Mulhouse, retentissait du
bruit des chansons et des orgues de Barbarie en
attendant, et même sans attendre le bruit des
pétards. La journée était coupée par un joyeux
repas sous la tonnelle. Ce qui se consommait ce
jour-là de pâtés, de salades de mufle (le plat
traditionnel), de kougloffs, n'est pas à dire : l'armée des Grecs, où l'on mangeait cependant
bien, n'y aurait pas tenu; l'Alsacien en jouissait
modérément et en sage. C'était la magnificence
de l'hospitalité, moins la gloutonnerie des sujets
d'Agamemnon et des compagnons d'Ulysse. Ce
jour-là, les vieillards retrouvaient leur voix et
les antiques refrains dans l'idiôme du pays ; les
jeunes gens dansaient. Domestiques et maîtres

travaillaient côte à côte et mangeaient ensemble, et, je l'affirme en témoin très-sincère, jamais ces fêtes ne dégénéraient en orgies. Que de fois les vendanges ne m'ont-elles pas rappelé le souvenir de la naissante tragédie, quand par les coteaux de la Grèce on chantait Bacchus et qu'un dithyrambe solennel célébrait le dieu des raisins ! Ici, plus d'un mariage s'y est ébauché, baptême pour la fête suivante.

On le voit toujours, ce n'est pas pour rien que j'ai prononcé ces grands mots d'égalité et de famille : la famille, à Mulhouse, est de toutes les fêtes, et c'est pour cela sans doute que les fêtes y ont tant de charmes vrais et d'attraits durables.

III.

L'Esprit public.

Le principal est dit, je crois; tout n'est point dit encore. Comment, en quelques lignes, faire l'historique d'une ville à qui si peu d'années ont suffi pour atteindre la maturité et la gloire? Mulhouse était ville suisse en 1798; elle était bien française en 1870; les Prussiens ont peine à dire et à croire qu'elle est allemande aujourd'hui. Mulhouse a traversé bien des régimes : née républicaine, elle a gardé de sa première origine des goûts assez marqués d'indépendance, et je crois être dans la vérité en disant qu'elle a été, qu'elle est encore républicaine; je suis assurément dans le vrai, en ajoutant qu'elle a toujours été très-modérée, toujours très-conservatrice, par l'excellente raison qu'elle a besoin de travail et que le travail ne prospère qu'avec la paix. Elle a gardé un profond souvenir de reconnaissance au gouvernement pacifique du

roi Louis-Philippe , et elle a singulièrement
accru sa fortune sous Napoléon III. Je n'en saurais dire plus de celui qui a fini à Sedan !

Mulhouse a, surtout, été Mulhouse , une ville
d'initiative, qui fait ses affaires avant tout et qui
ne demande à la politique que du loisir pour les
faire. Excellente leçon, exemple précieux donné
aux particuliers ! Si chaque citoyen s'imposait la
tâche de se gouverner lui-même au lieu de gouverner les autres, de faire sa besogne au lieu de
défaire celle du voisin , de s'occuper, enfin, de
sa personne plutôt que de l'Etat, quel progrès !
quelle fortune ! Et comme tout n'irait que
mieux ! Mais que nous sommes loin de cet idéal !
Et, je l'ose dire (puisqu'il est convenu que nul
n'est prophète dans son pays), que nous en
serons loin encore longtemps ! C'est une maladie
chronique, invétérée en France que d'être politique et opposant. L'opposition est aujourd'hui
un principe, et demain, j'en réponds, demain ne
saura pas encore ou ne voudra pas convenir que
c'est un principe subversif de tout état durable.
Tant et si bien que si je n'étais conservateur par
instinct et par sentiment, je le voudrais être par
esprit d'originalité, et pour ressembler le moins
possible à tout le monde.

Revenons à Mulhouse. Donc, Mulhouse est
avant tout curieuse du repos et jalouse du tra-

vail; ses derniers députés, sauf M. Tachard, ont
été des hommes d'affaires : André Kœchlin,
Emile Dollfus, Aimé Gros; ils ont rendu, je le
sais, de grands services dans les commissions,
et, pour moi, ils ont eu ce souverain mérite de
ne point ajouter quelques noms de plus à la liste
de ces encombreurs de tribune qui font des
phrases au lieu de faire des lois. Mulhouse a
témoigné généralement dans ses choix d'une
grande sagesse : ville d'affaires, elle s'est fait
représenter par des hommes d'affaires; je persiste à croire qu'elle n'eût rien perdu à donner
ses derniers suffrages à M. Jean Dollfus. On ne
m'en voudra pas d'insister sur des détails qui
me paraissent caractéristiques : l'exemple serait
si bon à suivre ! Quelle Assemblée que celle d'où
seraient exclus les parleurs de métier ! Et comme
on ferait mieux les affaires de l'Etat si l'on faisait
moins de discours ! Vœux inutiles, j'en ai peur,
mais vœux légitimes, et que je forme de tout
cœur ! L'esprit de sagesse qui a dirigé Mulhouse
dans le choix de ses députés, vous le retrouvez
dans son application aux affaires, aux intérêts de
la ville. Elle a demandé le moins possible à
l'Etat, et s'est rarement embarrassée de son
intervention, quand elle a pu se suffire : non
qu'elle dédaignât l'appui du souverain ; seulement elle s'en passait. C'est sur cet esprit d'ini-

tiative que j'appuierai volontiers ici : tandis que
Paris met vingt ans à se donner le luxe d'un
Opéra, Mulhouse, en moins de vingt années, a
créé une ville nouvelle.

Quiconque ne voudra s'arrêter à Mulhouse que
pour y admirer des monuments, des musées, ou
seulement des promenades, des jardins avec
jets d'eau et statues, celui-là fera bien de passer
son chemin et de s'en aller droit, suivant sa
direction, à Strasbourg ou à Bâle. Mais celui qui
s'intéresse à l'homme et à l'industrie humaine
fera bien de séjourner à Mulhouse : il lui faudra
du temps, et beaucoup, pour satisfaire sa curio-
sité. Et ce n'est point tant les types particuliers
qui l'attireront que la physionomie générale de
la ville ; ce n'est pas cette maison si renommée,
ni cette autre, ni leurs chefs même qui le con-
tenteront, c'est, pour emprunter le mot à l'art
militaire, ce merveilleux ensemble d'opérations
où chacun a sa part de mérite, où tous concourent
à la gloire commune. Une bonne idée à Mulhouse
germe et fructifie tout ensemble. J'en veux citer
un tout petit exemple, dont on pourra beaucoup
induire. Chaque maison a sa compagnie de pompiers organisée, bien équipée, bien munie, cela
va sans dire ; et il va sans dire aussi que la compagnie des Dollfus est tout de suite sur pied, si
les Steinbach sonnent l'alarme, et réciproque-

ment. Que quelqu'un, cependant, ait vu fonc-
tionner en Angleterre cette admirable pompe à
vapeur qui manque à Mulhouse, il fait la propo-
sition aux différents chefs d'établissement de
se pourvoir à frais communs de ce puissant
auxiliaire. Les fonds sont rassemblés en une
matinée, la machine commandée, et la ville
pourvue. Appliquez à mille objets, à mille idées
cet esprit d'initiative et de propagande, et jugez
de ce qu'on peut faire, de ce qui a été fait dans
la Haute-Alsace. J'ai déjà dit, aussi bien, qu'il
ne faut pas réserver tous ces éloges à la seule
ville de Mulhouse.

Un exemple en appelle un autre, et ce dernier
est trop à l'honneur de mes regrettés concitoyens
et amis pour que je le taise. C'était aux derniers
jours de 1870 : la pauvre Alsace était bien perdue,
perdue sans espoir ; ses enfants se battaient
encore ; ses hommes travaillaient, ses femmes
soignaient les blessés. Le vainqueur réquisi-
tionnait ; le conseil municipal, en permanence,
résistait de toutes ses forces aux exactions for-
cenées de l'Allemand, et pas un jour, pas une
heure, le travail n'avait chômé ! Mulhouse per-
dait des millions, l'ouvrier n'avait pas perdu le
salaire d'une journée... Un matin, le bruit court
que la France arme encore ; il lui faut des
canons, elle les demande à la charité privée, à

la charité qui s'appelle le patriotisme. En moins
de trois heures nous avions trouvé plus de
100,000 fr., et formé une batterie complète.
Voilà Mulhouse!... Nous l'avons vue, lors des
inondations du Midi , apporter sa riche aumône
à nos provinces. Et qui me reprochera de garder
ce pieux souvenir d'une ville où sont nés mes
derniers enfants?

Initiative, propagande, émulation, sympathie,
telle est en quatre mots l'histoire de Mulhouse.
Car cet esprit de communauté n'est pas moins
remarquable que le reste : tous s'intéressent à
tous. De prétendre, maintenant, que l'émulation
ne suscite point de temps à autre la rivalité, et
que la rivalité n'a pas quelquefois engendré
l'envie, ce serait prétendre que la perfection est
de ce monde, et que les Mulhousiens sont des
anges : je ne le dirais même pas des Mulhou-
siennes, et elles reconnaîtraient que j'ai raison.
Mais qu'importe tout cela? et quel compte faire,
dans une histoire générale, de quelques petites
passions particulières, privées, qui se cachent, se
taisent et s'effacent dans ce grand mouvement
qui emporte la ville vers le progrès? Je dirai
donc, si l'on veut, que les qualités générales
dominent et absorbent les défauts particuliers ;
j'affirmerai, enfin, que des résistances calculées
ou des oppositions systématiques n'ont jamais
entravé la marche de Mulhouse vers le bien.

Parmi toutes les raisons à en donner et les preuves à en fournir, il faut mettre au premier rang les origines et les tendances sincèrement démocratiques de l'ancienne République suisse : compter sur soi d'abord, et après sur les autres, n'est-ce pas la vraie sagesse et le seul vrai principe de la démocratie ? Le plus grand tort, et qui persistera longtemps, des gouvernements démocratiques tentés en France, ç'a été précisément que le prolétaire, — je prends les noms que la Révolution me fournit, — compte toujours sur la société et se réclame de ses droits, au lieu de se réclamer de son devoir et de compter sur lui-même. A Mulhouse, on a suivi, pratiqué cet excellent système : *manu consilioque* ; la devise de Figaro serait juste pour tous ; c'est le travail et la sagesse qui donnent la fortune, et la fortune a le bon esprit de ne point oublier ou renier ses origines. On peut être fier d'être riche, on se souvient qu'on a été pauvre. J'ajouterai un trait : c'est qu'on n'abuse pas de ce que j'appellerais assez volontiers l'orgueil de la modestie. Qui n'a rencontré de ces insolents et insupportables parvenus, racontant à qui veut, et même à qui ne veut pas, qu'ils sont sortis de rien ; qu'ils ont porté des sabots ; qu'ils n'ont pas mangé tous les jours, et le reste ? Oh ! la vilaine engeance, et que ces riches-là font tort à la fortune !

Nous n'en sommes pas encore venus à dire à quoi se dépense et s'emploie cette fortune ; j'en parlerai bientôt, cher lecteur, et tâcherai à m'effacer absolument devant ces œuvres généreuses d'une saine philanthropie. Aujourd'hui encore je demande à garder la parole et à louer Mulhouse de mon propre fonds. Le sujet n'est-il pas fécond ? ne devine-t-on pas, parmi ces traits si caractéristiques, une race vigoureusement trempée et digne de sa renommée ? J'ai essayé d'esquisser la physionomie de nos derniers maires français : mais aujourd'hui encore, je trouverais dans le conseil municipal vingt types pour un, et je n'aurais pas longtemps à chercher : il serait même intéressant pour d'autres que des Alsaciens de voir à l'œuvre ces hommes de dévouement modeste que la ville honore depuis vingt et trente ans de ses suffrages : les Jules Dollfus et les Frédéric de Schœn. N'est-ce point un type bon à connaître que celui-là : un sage s'arrêtant sur le chemin de la fortune, se contentant d'un certain revenu, quand il pourrait l'accroître, sans grande peine, dix et vingt fois peut-être, bornant son ambition en deux mots, ou l'étendant pour mieux dire aux rôles très-actifs d'adjoint à la mairie, de président ou de conseiller de vingt comités de bienfaisance ! Non, ce n'est pas rien que cette sagesse ; j'ajoute que

ces honneurs-là sont plus onéreux qu'on ne suppose ; à Mulhouse, quand on est membre de
quelque comité, on ne reçoit pas de jetons de
présence ; on paye son honneur. C'est peut-être
pour cela que les conseils de surveillance sur-
veillent ; ce qu'ils font si peu ou si mal ailleurs.

La question « finances » est une grosse question partout, à Mulhouse plus qu'ailleurs ; car si
les particuliers sont riches, la ville est pauvre,
et très-pauvre ; vous avez en Alsace des villes et
des villages fort bien rentés : Ribeauvillé,
Schlestadt, pour n'en citer que deux. Mulhouse
n'a rien, un bouquet de bois où les Prussiens
ont fait plus de coupes en six mois que la mairie
en vingt ans. Cependant Mulhouse emprunte et
dépense, mais aussi quel ministre des finances !
C'est un de ses plus jeunes conseillers municipaux, homme d'affaires s'il en fut, Lazare Lantz,
qui administre depuis une dizaine d'années les
fonds de la ville ; je doute qu'elle s'en plaigne.
Ministre, oui ; et banquier, et caissier, — et le
reste. Si jamais vous passez à Mulhouse, place de
la Mairie, sur les onze heures, et que vous voyiez
un homme jeune encore, cheveux noirs et bar-
biche noire, légèrement vêtu, fût-ce en hiver,
qui gravit en courant l'escalier de la mairie, par
enjambées de deux ou trois marches, ne deman-
dez pas quel est ce personnage si pressé. C'est

le ministre des finances, c'est mon ami Lazare
Lantz. Je me suis bien des fois représenté une
discussion municipale entre Jean Dollfus et
Lazare Lantz ; celui-ci ne prenant pas le temps
de poser la question, l'autre la résolvant avant
qu'elle soit posée, — et le plus curieux, tous
deux ayant raison. — Deux locomotives chauf-
fant à toute vapeur et entraînant en grande
vitesse un conseil qui ne demande pas mieux
que de se laisser entraîner !

Cette activité dévorante, non désordonnée,
embrasse tous les intérêts, petits et grands ; et
c'est ce que j'admire. Une affaire, à Mulhouse,
n'absorbe pas toutes les facultés au détriment
des autres ; l'esprit d'initiative est général, les
applications trouvent de tous côtés leurs voies
et leurs hommes. Et c'est là ce qui peut inté-
resser dans l'histoire de cette grande et industrielle cité. Chacun est à ses affaires avec grande
intelligence *de sa partie* ; et tous sont aux
affaires publiques avec grand dévouement : on
voit ce qui peut et doit ressortir de tant d'avan-
tages ! Je citerais vingt témoignages à l'appui de
mon dire ; je n'en fournirai qu'une preuve,
mais concluante ; une preuve par induction,
mais significative : l'aptitude de Mulhouse aux
affaires égale son patriotisme. Mulhouse aime
Mulhouse, comme elle aime la France. — Elle

vient de le prouver : tous ses établissements de charité sont dotés comme toujours, et Mulhouse a su trouver plus de deux cent mille francs pour venir en aide à nos pauvres départements du Midi.

On le voit, Mulhouse est toujours française.

IV.

Les Arts et les Lettres.

———

Le titre de cet article est ambitieux, je l'avoue, je le regrette ; mais je n'en ai pas trouvé de meilleur. Je veux toutefois prévenir le lecteur et le mettre en garde contre ce qu'il croirait pouvoir attendre, sur cette annonce, de Mulhouse et de son historien. C'est sagesse au conteur de ne pas trop promettre ; et puis, l'histoire n'est pas la réclame.

En réalité, quoique les arts et les lettres eussent acquis depuis quelques années droit de cité à Mulhouse, Mulhouse attendait encore en 1870 son Delacroix ou son Lamartine. Je n'examine qu'un fait, c'est le progrès remarquable qu'avait fait dans la cité industrielle ce que j'appellerai le goût des choses de l'esprit. On y avait toujours aimé la musique ; dès longtemps déjà, si quelque virtuose passait en Alsace, il y était fêté, acclamé ; mais son souvenir ne durait

que le temps de laisser arriver un second virtuose qu'un troisième faisait oublier au dernier
concert. On avait le goût ; on n'avait pas l'en-
gouement qui est peut-être l'excès dans la passion, mais qui peut-être a quelque chose du feu
sacré. C'était l'estime qui précède l'amour. La
musique de chambre était assez rare, et les
initiés ne redoutaient pas sans raison les profanes.

Les Sociétés chorales, en se propageant, pro-
pagèrent le goût. Une heureuse émulation de
deux de ces Sociétés, la Concordia et la Sainte-
Cécile, multiplia les concerts, et le succès
encouragea tout le monde. De 1866 à 1870, je
me rappelle une série de concerts donnés par la
Concordia et composés par son directeur, Heyberger, avec une science curieuse et un goût parfait,
concerts historiques où toutes les écoles figu-
raient, française, italienne, allemande du xvi^e
siècle au xixe ! Cimarosa ou Hœndel s'y faisaient
admirer, Wagner s'y laissait entendre. Des
chœurs mixtes y ont exécuté très-remarquable-
ment des morceaux qu'on n'entend pas partout,
et qu'on doit regretter de ne pas connaître.
Quand nous eûmes un théâtre, maître Heyberger
y fit jouer une opérette de sa façon, qu'on eût,
certes, applaudie à Paris.

J'ai parlé du théâtre. Ce ne fut pas un de mes
moindres étonnements en arrivant à Mulhouse

de voir ce qui s'appelait le théâtre. Figurez-vous, dans une rue étroite, une maison basse, sans vestibule : un parterre étouffé, un rang de loges presque toujours vides, un paradis désert où le pompier de service amenait sa famille et ses amis pour faire public, voilà pour la salle ; quatre mètres carrés avec un salon Louis XV, une forêt et une place publique comme décors, voilà pour la scène, et vous avez l'idée du théâtre de la vieille rue Sainte-Claire. Les représentations semblaient organisées au profit des médecins, qui, les lendemains, comptaient le nombre des spectateurs par les fluxions de poitrine. On se rappelait de loin que Mlle Rachel avait un jour honoré cette pauvre scène de son admirable talent.... Après quoi, le mieux était de se persuader que Mulhouse n'avait jamais eu et ne voulait pas avoir de théâtre.

Un homme d'esprit, fils d'un comédien de talent, en venant organiser des représentations d'été dans un jardin de brasserie, força le goût public et décida de la construction d'une salle nouvelle qui fut un charmant théâtre de genre et d'opéra. Grâce à Jourdain, nous y avons passé de bien agréables soirées, et plus d'une fois tout Mulhouse s'y est donné rendez-vous pour applaudir le talent. Des vaudevilles du crû, des vers nés à Mulhouse y ont obtenu, mérité, je le

veux croire, des applaudissements ; je me
rappelle que le *Petit Journal* enregistrait en
1867 ou 1868 le succès d'une *Querelle d'Allemand* et de la *Fin d'un Rêve*. L'auteur, que je
ne puis nommer, signait des mêmes initiales
que moi, E. B. En 1870, le même auteur, professeur au collège, écrivait pour les pauvres,
avec un de ses collègues et le fils d'Hervé, une
revue : *Paris-Mulhouse*, train de plaisir qui
affrontait jusqu'à cinq fois, succès inouï ! le feu
de la rampe.

Je dois, cependant, reconnaître que la comé-
die n'avait pas les préférences du Mulhousien :
c'est un spectateur inconstant et réfractaire. Les
saisons d'opéra étaient recherchées, mais le
vaudeville et le drame n'étaient que trop négli-
gés : tout le zèle, tout le talent de Jourdain et de
sa troupe ne parvenaient pas à vaincre l'indiffé-
rence publique. Le fait s'explique et se comprend d'un mot : les gens qui travaillent beaucoup n'ont pas de loisir de reste, et ils ont
besoin de repos. Autrement dit, le commerçant
ou l'industriel, qui se lève à cinq heures du
matin, n'aime pas à se coucher passé minuit :
il reste donc chez lui, et les dames, n'allant pas
seules au théâtre, lui tiennent compagnie à la
maison. Voilà pour le public des loges et du
balcon ; sans compter que, dans ses fréquents

voyages à Paris, le riche donne ses soirées au spectacle et connaît toutes les nouveautés. L'ouvrier, qui pourrait aller au parterre ou au paradis, a les mêmes raisons que son patron de ne pas vouloir se coucher tard : l'argent, si peu qu'il en coûte, est un second motif d'abstention. J'en citerai un troisième, pour l'ouvrier, du moins, son peu de pratique de la langue française. Donc, à deux ou trois fidèles près, la représentation se passait de spectateurs, et le directeur, de recettes.... mauvaise condition !

Est-ce à dire que les plaisirs de l'esprit fussent en discrédit à Mulhouse ? J'ai vu six et huit cents auditeurs se presser aux conférences littéraires de la Bourse, dans le magnifique amphithéâtre de la Société industrielle. Le sérieux convient mieux au tempérament du Mulhousien, surtout le sérieux qui ne dure pas au delà d'une heure. *Anch'io son pittore...* Et moi aussi, j'ai eu l'honneur de parler devant cet imposant et sympathique auditoire ; j'ai fait l'expérience de ces longs monologues qu'on appelle des conférences, et j'oserai donner ce conseil à l'orateur, quel que soit son talent et à quelque sujet qu'il l'applique, de ne dépasser l'heure que rarement, et de fort peu. L'admiration même fatigue, et le plus éloquent lassera les plus résolus.

Ce qui obtenait encore plein succès, c'était la
lecture au profit des pauvres : la charité aidant,
j'ai plaisir à me rappeler les bravos qu'Augier
ou Ponsard ou M. de Bornier obtenaient dans
les salons du Cercle : le droit des pauvres était
largement payé ces jours-là. Les conférences
ont repris après la guerre ; mais c'était bien
autre chose qu'avant 1870 : les orateurs venaient
tous du dehors ; c'était à qui aiguiserait les
malices les plus prudentes contre ceux qui maintenant autorisaient ces réunions ; on attendait
les allusions ingénieuses pour faire le holà ; le
sujet n'intéressait pas tant que les épigrammes
plus ou moins piquantes dont était semé le discours. Un certain parti, d'ailleurs, donnait à ces
cours nouveaux une couleur qui n'était pas du
goût de tout le monde ; je ne sais quelle arrière-
pensée chez les uns, quel regret chez les autres,
quelle gêne pour tous paralysait le plaisir.

Mon verre n'est pas grand, mais je bois dans mon verre...

Nous ne buvions plus dans nos verres. Non,
ce n'était plus vos charmantes causeries sur
Mme de Sévigné ou Shakspeare, mon cher Des-
chanel : vous n'étiez pas alors le député de
Paris, mais vous étiez déjà le conférencier de la
France, et l'Alsace ne vous a point oublié. Vous
non plus, n'est-ce pas ?

Mais je m'écarte de mon sujet, revenons-y.
La presse, sans jouer encore les grands premiers rôles, n'avait pas laissé que de prendre
un sensible développement avec les années. Le
journal, dit de Mulhouse, était demeuré un peu
terne, et rien de plus que le modeste écho de la
localité, si bien l'écho, qu'il continuait de s'im-
primer pour la petite bourgeoisie en allemand
et en français. Le français n'était pas des meilleurs, l'allemand était assez mauvais. La feuille
paraissait deux fois par semaine, et sa clientèle
ne lui demandait ni plus ni mieux. Mais l'*Industriel alsacien* était devenu une feuille quoti-
dienne en passant des mains de M. Baret, son
premier-gérant, à celles de mon collègue et
ami, L.-L. Bader, ancien directeur-fondateur de
l'Ecole professionnelle. C'était un journal de
province, mais qui comptait ; je ne dirai pas que
sa politique remuait les masses ; je me bornerai
à dire que sa rédaction s'améliorait de jour en
jour et se faisait lire d'un bout à l'autre de
l'Alsace, et au delà. Les communications de la
Société industrielle y donnaient un intérêt particulier ; la chronique locale était bien faite ; le
résumé des grands journaux, très-consciencieux.
Quand Le Reboullet, qui aujourd'hui est au
Temps, prit la plume, ce résumé fut plus que
consciencieux, il fut souvent très-remarquable
et très-remarqué.

On me permettra de citer ici quelques-uns des signataires du journal : c'était l'excellent M. Achille Penot, professeur et directeur de l'Ecole des sciences et vice-président de la Société industrielle, dont la science solide et l'expérience consommée avait toujours un service à rendre ou un conseil à donner ; c'était Aug. Klenck, professeur de seconde au collége, l'homme de tous les comités et qui leur prêtait à tous une plume alerte et facile ; c'était quelquefois Charles Dollfus, qui nous adressait un souvenir de Paris et détachait à notre profit quelque page de sa *Revue germanique*. Bernardini y débuta, sauf erreur, par la chronique théâtrale avant de devenir le directeur politique du journal et la première victime de l'invasion. J'en dirais bien plus long, si l'*Industriel* ne se survivait pas à lui-même parmi les mille écueils de l'occupation allemande, avec un caractère à peu près indépendant et des allures aussi libres que possible dans une province annexée.

Au journal appartenait une imprimerie ; il en est sorti des comptes rendus administratifs de la ville, qui sont des modèles de typographie. Je citerai de moi, par reconnaissance et non par vanité, une petite nouvelle : *Tué à Sedan*, dont l'impression mériterait les honneurs de l'Exposition de 1878 ; je voudrais qu'on en pensât

autant du livre. Une autre fois, les presses
gémissaient au bénéfice d'un M. Hartmann Lie-
bach, qui se · fit homme de lettres à 78 ans,
n'ayant été que millionnaire jusqu'à cet âge ; je
le répète, les presses gémirent ce jour-là de ne
produire qu'un chef-d'œuvre... typographique.
Le pauvre millionnaire est mort; s'il croît un
arbre sur sa tombe, je doute bien que ce soit un
laurier.

Son voyage était un livre de dépenses, médiocrement tenu, et dont il ne faut pas parler, surtout si j'en veux arriver aux hommes de mérite
qui ont pris la plume à Mulhouse. Je citerai alors
avec plaisir *Seize mois autour du monde*, de
Jacques Siegfried, un des meilleurs cœurs et des
meilleurs esprits que j'aie connus ; j'ajouterai :
un caractère! Ou je m'abuse, ou Jacques Siegfried
sera un de nos premiers économistes, et avant
peu. Son livre est l'agréable et sérieux début
d'un écrivain qui commence par un coup de
maître : si ce n'était mon élève et mon ami, je
le louerais bien davantage.

Dieu me garde d'oublier dans ma liste d'écri-
vains mon vieux collègue, Vincent, qui nous
a donné tant de charades en vers élégants et
trop faciles ; Messeau, versificateur aussi, mais
du genre sérieux ; enfin, un débutant, Albert
Metzger qui, avec des rimes trop hardies ou
novices, était, lui, vraiment poète par éclairs !

Je n'ai plus qu'un mot à dire de nos artistes, et ce ne sera qu'un mot, malgré ma bonne volonté, mais à cause de mon incompétence. Je pourrais d'abord établir que toute maison d'impression a de véritables artistes pour dessinateurs. Gros-Renaud, Bidlingmeyer, Schœnhaupt, dessinateurs émérites à la fabrique, sont chez eux, à l'atelier, des hommes d'un incontestable talent. Le professeur de dessin, Eck, et Niederhauser ont donné au musée de la Société industrielle, le premier, des portraits à l'huile; le second, des fusains d'une réelle valeur, et leurs élèves comptent déjà dans le monde des arts. C'est Alfred Kœchlin qui aura demain un renom comme paysagiste. Deux frères, Emmanuel et Jean Benner, se sont faits artistes en quelques années. Peintre de fleurs et de genre, l'aîné a remporté déjà de grands succès au Salon ; le second aura vite rejoint son frère.

Que faire de mieux que citer, pour finir, cet Henner, dont les portraits comptent aujourd'hui comme chefs-d'œuvre? La boutique de ses parents s'ouvre sur la grande place du marché, et, du seuil, en passant, vous pourrez voir au-dessus d'une porte de communication, une charmante tête de petite fille, dévorant des yeux l'orange qu'elle tient des deux mains. C'est une double enseigne, si l'on veut, l'enseigne de la boutique et l'enseigne d'un pur et beau talent, qui sera demain une grande et juste renommée.

P. S.—Cette notice vaut ou veut un post-scriptum : il ne serait point juste, en effet, de nommer les seuls artistes, et de se taire sur les amateurs qui les patronnent, et quelquefois les suscitent. Alfred Kœchlin-Schwartz, par exemple, et Nicolas Kœchlin fils sont plus que des Mécène, sans être des Horace.... de la peinture ; le premier possède une fort jolie collection de tableaux que ses dessins ne déparent pas. Mieux qu'une collection, MM. Engel et Jean Dollfus fils possèdent deux galeries très-estimables, celle de M. Engel plus moderne, celle de son beau-frère plus savante et plus variée.

Quand on a nommé ceux qui savent produire, il faut mentionner ceux qui savent acheter.

Enfin, j'ai commis au cours de mon article un impardonnable oubli, que je ne répare qu'insuffisamment : j'ai négligé le nom de M. Braun, dont les photographies sont des œuvres d'art : celui qui a reproduit comme on sait nos grands maîtres méritait plus et mieux : qu'il pardonne à mon repentir et à mon admiration !

V.

L'Instruction publique.

Avant 1798, l'instruction publique, à Mulhouse, relevait de l'Eglise, qui en faisait les frais : l'enseignement était gratuit pour les pauvres, obligatoire pour tous jusqu'à l'âge de la première communion. Il y avait quatre classes de garçons et une de filles ; les élèves de la classe inférieure payaient cinq sous par trimestre, ceux des autres classes payaient le double au maître qui touchait, en outre, certaines redevances en nature, dix hectolitres de méteil (seigle et froment), douze, s'il donnait des leçons de chant ; dix mesures de vin équivalant à cinq hectolitres ; vingt stères de bois ; un quart de boisseau de sel... C'était primitif, c'était suffisant pour la petite république qui se donnait le luxe, quelques années avant sa réunion à la France, d'un Institut commercial.

Arrivons à des temps meilleurs. C'est de 1837

à 1838 que l'école primaire communale fut construite sur le terrain de l'ancien cimetière, rue des Champs-Elysées, où elle reçut d'abord huit cents enfants ; dix ans après, elle comptait plus de treize cents élèves. En 1857, on surélevait le bâtiment d'un étage après l'avoir agrandi, trois ans auparavant, d'une école annexe où huit classes de filles trouvaient large place. De 1861 à 1867, quatre écoles de quartiers, véritables colonies scolaires, s'élevèrent aux quatre points cardinaux de la ville, et trois mille cinq cent trente enfants reçurent les leçons presque gratuites de quatre-vingt-trois maîtres et maîtresses; j'ai dit presque gratuites : car c'est un principe à Mulhouse, un principe très-sage et sanctionné par l'expérience, qu'on n'apprécie bien que ce qu'on paye, si peu qu'on paye. Toutefois les demandes de gratuité sont toujours favorablement accueillies, et l'enfant pauvre peut rester sept ans à l'école sans qu'il en coûte rien à ses parents. Je n'ajouterai qu'un mot : Mulhouse a un enseignement primaire très-complet, fourni par d'excellents maîtres, sous le patronage d'un comité intelligent, actif et libéral.

En 1864, la Société industrielle fonda les cours populaires ou classes d'adultes : sept cent soixante-quinze élèves, auditeurs de dix-huit à trente-cinq ans et plus, s'y firent inscrire: charpentiers, maçons, fileurs, tisseurs et imprimeurs. La police des cours était faite par un commissaire élu, qui constatait les absences et prélevait les cotisations mensuelles et les amendes. Sur quinze cours, représentés par mille quatre-vingt-quinze inscriptions, il ne fut infligé en 1864 qu'une amende : vingt centimes !

L'Ecole professionnelle date de 1854. L'idée émise par M. Fortoul, ministre de l'instruction publique, accueillie par M. Joseph Kœchlin-Schlumberger, maire de Mulhouse, aboutit en moins de quinze mois à l'édification d'un vaste bâtiment et à l'établissement d'une grande école qui fut une école modèle. Division élémentaire, enseignement spécial, commercial, industriel, supérieur, l'Ecole professionnelle, institution à la fois universitaire et municipale, fit tout pour le mieux, sans pouvoir, pas plus alors qu'aujourd'hui, tout faire pour le bien. Dieu me garde de m'engager dans une interminable et stérile discussion sur l'enseignement classique ou spécial ! Un fait certain, c'est que cet enseignement, dit spécial, ou pratique, ou professionnel, est entré dans nos mœurs ; un autre fait, non moins évident, est qu'il est mal défini, s'il peut jamais se définir. Peut-être aura-t-on fait un grand pas le jour où l'on voudra comprendre que les écoles spéciales et professionnelles ne sont et ne peu-

vent être autre chose que des écoles primaires
perfectionnées. Et quel mal à cela ? Quelques
vanités peut-être en seront froissées ; n'est-ce
pas la moindre des choses ? L'enseignement
général en pourra-t-il souffrir ? Toute instruction
est libérale , voilà la vérité : spéciale ? que voulez-vous dire ? L'enseignement classique est
spécial quand il nous prépare des avocats, des
médecins et des professeurs ; et l'enseignement
spécial sera parfait quand il nous formera des
jeunes gens instruits , sachant bien leur langue,
leur histoire et leur géographie, de l'arithmétique et de la chimie, capables enfin d'embras-
ser l'une des mille carrières qui s'offrent à l'industrie privée. L'Ecole professionnelle, pour en
revenir à Mulhouse, voulut primer le collége, et
d'abord être tout ; il lui fallut rabattre de ses
prétentions tout en rendant, d'ailleurs, ce qu'elle
peut de services à Mulhouse et à l'Alsace. Nous
retrouverons tout à l'heure les vraies écoles professionnelles.

Entrons d'abord au collége : il avait trois
classes et trois maîtres en 1813 ; en 1849, il
était collége de plein exercice, et son plan
d'études était celui des lycées. Aux dernières
années, on comptait avec nous dans les concours
et notre réputation était faite : comme je parle
pour mes collègues, j'ajoute qu'elle était méritée.

Si l'histoire n'était pas toujours sérieuse, je m'amuserais à raconter la longue et drôlatique histoire des rivalités du collége et de l'Ecole professionnelle.

Musa, mihi causas memora......

Les questions de préséance, aux jours solennels de représentation, étaient de véritables comédies : à qui l'honneur d'entrer le premier et d'adresser la parole à M. le Maire ou à M. le Sous-Préfet? A qui le droit de prendre la tête du cortége ? Boileau s'en fût bien amusé ; nous en riions sous cape, nous, simples mortels sans ambition. Mais les dieux — je veux dire le principal du collége et le directeur de l'Ecole — se détestaient-ils assez ces jours-là ! Et la veille aussi et le lendemain encore.

Ce ne fut pas sans douleur qu'un jour, jour fatal ! le 15 août 1856, tous deux virent apparaître et passer devant eux sept messieurs vêtus d'un habit à la française, coiffés d'un tricorne et l'épée au côté, — sept collègues, leurs supérieurs, qui formaient l'Ecole des sciences appliquées, ou, pour lui rendre son titre officiel, l'Ecole préparatoire à l'enseignement supérieur des sciences et des lettres ! Quelle révolution ! En fait, et pour ne pas prolonger la plaisanterie, l'Ecole de Mulhouse fut la seule qui ait prospéré avec celle de Nantes.

L'établissement des cours publics fit à Mulhouse une vraie renommée : c'est que ces cours contribuèrent efficacement à la vulgarisation des connaissances littéraires, historiques et scientifiques. L'amphithéâtre, qui contenait deux cents auditeurs, fut bien souvent trop étroit, et la foule nous resta fidèle pendant des années. L'Ecole délivrait des certificats de capacité, et nos élèves brevetés trouvaient, au sortir de l'Ecole, de bonnes positions dans les maisons de commerce et d'industrie de l'Alsace et du dehors.

Pour résumer cet entretien, où les chiffres ont le rôle important, Mulhouse possédait un ensemble complet d'établissements scolaires. Primaire, secondaire et spécial, supérieur, les trois degrés d'enseignement y étaient dignement représentés, et la ville en supportait tous les frais. La dépense pour l'école primaire communale s'élevait, en chiffres ronds, à 103,000 fr. ; pour les cours d'adultes, à 10,000 fr. ; pour l'Ecole professionnelle et le collège, à 200,000 francs ; pour l'Ecole supérieure à 18,000 fr.; soit un total de 321,000 fr. Les recettes étant d'environ 200,000 fr., c'était encore une différence de 121,000 fr., dont nos édiles ne se sont jamais plaints. Et cela se passait sous l'Empire : ce que je ne remarque que pour constater et établir ce fait, que toutes les formes de gouvernement sont bonnes à faire le bien, quand le bien est dans les idées et dans les mœurs, et que l'initiative privée prête son concours à l'Etat au lieu de lui chercher noise et de lui faire une guerre d'opposition misérable et funeste.

A ce tableau des écoles, il faudrait ajouter les salles d'asile, les écoles de fabrique et les institutions privées ; mais où n'irions-nous pas avec cela ? Savoir se borner !... D'autant mieux que nous avons à faire aux établissements professionnels une visite que j'ai laissé entrevoir au début de cette causerie. Voici d'abord l'Ecole israélite des arts et métiers ; la pensée qui a présidé à cette fondation est ainsi exposée dans le rapport du docteur Penot : « On connaît les habitudes mercantiles de la plupart des israélites de la basse classe. Faire commerce de tout à peu près, courir les villes et les campagnes dans l'espérance quelquefois du plus petit bénéfice, semble suffire à ces hommes d'une sobriété rare qui restent comme étrangers à la société au milieu de laquelle ils vivent. Il a paru à quelques-uns de leurs coreligionnaires du Haut-Rhin qu'il y aurait avantage à arracher les enfants de ces pauvres brocanteurs à un trafic qui ne les laisse que trop souvent dans la misère, en leur donnant une instruction conve-

nable, en les initiant à la pratique des divers
métiers dont l'exercice leur assurerait une existence moins précaire, en les associant davantage aux mœurs de nos populations. Deux cent
quarante jeunes gens exerçaient en 1870 comme
ouvriers ou maîtres, qui avaient tous passé par
cette école, dont les revenus principaux se com-
posent de souscriptions, legs et subventions du
conseil général et des conseils municipaux. »

Quatre écoles de tissage, de filature, de commerce et de dessin constituent le véritable
enseignement professionnel : là, en effet,
l'enseigne est juste ou justifiée. Voulez-vous
être tisseur ou filateur? Allez apprendre le
métier là où il s'enseigne par la pratique jointe
à la théorie. L'idée étant émise, une souscrip-
tion qui donna d'abord 40,000 fr. permit de
faire face aux premiers frais et assura la marche
de l'école pour une période d'au moins trois
années ; c'était en juin 1861.. André Kœchlin
fournit, à titre de prêt, les moteurs et transmis-
sions, le premier matériel de tissage. L'école
posséda bientôt une machine à vapeur de la
force de 12 chevaux, toutes les machines néces-
saires, chaînes, bobinoirs et ourdissoirs; 28
métiers mécaniques représentant tous les genres
de fabrication ; et plus d'un directeur ou contre-
maître d'Angleterre est sorti de l'école de Mul-

house. Il y avait neuf élèves en 1861 ; il y en avait plus de soixante en 1870. L'école de filature a été construite, dotée et montée sur le même plan et par les mêmes procédés : elle a rendu des services analogues.

L'école de dessin s'adresse à l'industrie des toiles peintes, et la grande réputation de la fabrique alsacienne lui doit beaucoup. Près de quatre-vingts jeunes gens y dessinent la figure, l'ornement, les fleurs, sous l'habile direction de M. Eck, que j'ai déjà eu l'occasion de nommer et de féliciter : excellent maître qui a fait des générations de bons élèves. Grâce à une dotation généreuse de M. Hœffely, de Pfastadt, qui donnait l'autre jour 100,000 fr. à la Société industrielle, les cours étaient gratuits à partir d'octobre 1867. Quand on donne à Mulhouse, c'est par 100,000 fr. : voilà comme, un beau jour, la Société industrielle reçut avis de MM. Jules et Jacques Siegfried qu'elle pouvait tirer sur eux une somme de 100,000 fr. pour la création d'une Ecole de commerce (octobre 1865). Les deux frères avaient reconnu que le système commercial de la France avait beaucoup à faire pour soutenir seulement la concurrence de l'étranger. L'industrie était manifestement supérieure au commerce, et l'Angleterre laissait notre pays bien loin derrière elle au point de vue des relations commerciales. Ainsi la France ne sait pas se passer de ces intermédiaires étrangers qui prélèvent sur ses bénéfices quinze et vingt pour cent de la valeur ; la France manque de comptoirs et de débouchés : l'Ecole de commerce fut créée.

La durée des études est de deux ans.

La première division ou première année embrasse l'étude pratique des langues vivantes, la géographie commerciale et économique, la révision et le complément de l'arithmétique, les opérations commerciales, la comptabilité et la tenue des livres, la connaissance des marchandises importantes...

La seconde division parfait ces différents cours en y ajoutant l'économie et la législation commerciale et industrielle ; cependant la partie saillante, essentielle de l'enseignement, c'est, comme on dit, le bureau où l'élève est façonné à la pratique des affaires : achat, vente, courtage, commission, et le reste. L'Ecole de commerce, grâce à ses généreux fondateurs et à son habile directeur, le bon docteur Penot, prospérait en 1870 comme tout le reste, comme la ville elle-même, quand la guerre dispersa tous ses élèves sur les champs de bataille. Aujourd'hui le meilleur de son personnel est à Lyon, et tel est le succès de l'entreprise que l'ancien hôtel

du maréchal de Villeroy a dû s'agrandir des
maisons voisines pour suffire à la rentrée pro-
chaine. Ces annexions-là valent les autres ; je
me trompe : elles sont utiles et fécondes ; les
autres sont désastreuses et ne produisent que la
misère et la ruine.

Mais je ne conclus pas encore.

VI.

Les Institutions privées.

Je ne crains pas d'être partial pour Mulhouse, je crains d'être suspecté de partialité : ce qui ôterait du crédit à mon discours. Eh bien, non ; je n'ai rien avancé dont je ne puisse fournir la preuve ; je ne dois à Mulhouse que la vérité. L'hommage que je lui rends, si c'est hommage, est aussi sincère que désintéressé. Je n'y suis pas né, je ne suis pas même Alsacien : je ne tiens à Mulhouse que par les liens d'une hospitalité de vingt ans que j'ose dire avoir payée de retour par vingt ans de services. Il y a déjà quelques jours que cette pensée me travaille et me gêne ; je me sais presque gré de m'être expliqué avant de poursuivre un entretien qui a le double mérite de pouvoir être repris par ceux qui s'intéressent au progrès, abandonné par les autres.

O vous qui me lisez, n'est-il pas vrai que c'est une grande ville, celle qui répand et prodigue, comme nous l'avons vu, l'instruction parmi tous ses enfants, petits et grands; qui développe et propage les idées saines et les connaissances utiles ; qui, selon un mot célèbre, élève, élevait plutôt, pour la France des hommes et des citoyens? Elle n'échappe pas pour cela aux maux et aux misères qui assaillent toutes les villes, surtout peut-être les grandes villes. La maladie, la pauvreté, le vice, hélas! ont leur droit d'asile à Mulhouse comme ailleurs ; seulement le mot d'asile garde ou reprend ici son ancien sens, et signifie protection, — pour le malheur s'entend. Je choisirai parmi les institutions, publiques ou privées, de la charité celles qui partout intéressent l'homme et honorent l'humanité. Il me plaît de penser que, si ce petit livre s'en retourne à Mulhouse et se fait lire un jour de mes anciens amis, plus d'un sera étonné d'apprendre tant de nouveau : comme ces vieux Parisiens qui foulent le macadam du boulevard et l'asphalte des grandes rues sans se douter ni vouloir se douter des richesses qu'ils ont à portée de la main, de tous les trésors amassés autour d'eux, pour eux, et que l'univers leur envie. Je gagerais cher avec nos quatre-vingts millionnaires, souscripteurs des

comités de bienfaisance à Mulhouse qu'ils ne
me nommeraient pas, séance tenante, la moitié
des œuvres de charité qu'ils patronnent.

Ma mémoire vient justement de se rafraîchir
dans la lecture d'une excellente notice qui
remonte à 1867. On sait, ou l'on va savoir, qu'en
1855, lors de l'Exposition universelle, les
bureaux du dixième groupe admirent à un concours international les institutions philanthro-
piques fondées dans chaque État par l'initiative
privée. C'était une voie large et féconde où,
depuis des années déjà, Mulhouse était entrée
et avait pris la tète. Améliorer la condition
physique de l'ouvrier est une bonne œuvre ;
améliorer son existence morale est chose bien
meilleure encore : le docteur Penot va m'aider à
me reconnaître dans ce travail de la bienfaisance.

Commençons par les petits. On comprend
sans peine que, dans une ville manufacturière
où les femmes trouvent un travail rémunéra-
teur, les enfants sont exposés à demeurer seuls
à la maison aussitôt que la chose est possible,
avant même, bien souvent, qu'elle ne soit possible et raisonnable. Trois mères de famille
(comment mieux les qualifier?), Mme Nicolas
Kœchlin, Mme Joseph Kœchlin-Schlumberger
et sa sœur Mme Edouard Schwartz firent élever à
leurs frais et entretinrent des années durant

trois salles d'asile qui servirent de modèles à dix autres entretenues par la ville ; 2,000 petits enfants y sont recueillis, surveillés, soignés avec une tendresse vigilante et maternelle, qui n'est plus à louer. Les mères peuvent travailler sans inquiétude à la fabrique, leurs enfants sont en bonnes mains. L'éducation y commence sous forme de jeux, de rondes chantées, d'exercices attrayants qu'un Allemand (il y en a de bons dans le nombre), Frœbel, a imaginés pour son pays et introduits dans le nôtre sous le nom de Jardins d'Enfants, *Kinder-gœrten*. La méthode est ingénieuse, nous l'avons perfectionnée.

Au-dessus des salles d'asile, les ouvroirs ; Mulhouse en a de deux sortes : dans les uns, on enseigne à des jeunes filles pauvres la couture, et généralement les travaux d'aiguille ; dans les autres, dames et demoiselles se réunissent à jour fixe et travaillent en commun aux vêtements des pauvres. Les fabriques fournissent la matière première ; les cotisations et dons volontaires enrichissent l'œuvre ; les absences se payent et tout le monde y gagne. La Société de Saint-Vincent-de-Paul a fondé en 1855 un orphelinat qu'on appelle la Cénobie, et où quatre-vingt-dix jeunes filles retrouvent une famille. J'ai le très-vif regret de ne pouvoir citer ici, faute de mémoire, le nom de l'instituteur, dont l'excel-

lente femme s'était faite la mère dévouée de
cette intéressante famille. La même Société de
Saint-Vincent-de-Paul avait ouvert, à Mulhouse,
une bibliothèque saine et choisie, bien longtemps avant que M. Macé ne nous vint donner
l'idée des bibliothèques populaires, dont il faut
constater le progrès et l'utilité. Je croirai toujours l'œuvre bonne, à condition qu'elle soit
surveillée ; mais gardons-nous d'y mettre tous
les livres : ce ne sont pas les meilleurs, croyons-
le, qui sont le plus demandés.

Dans une ville où le nombre des habitants a
décuplé en moins de soixante ans, il est clair
que la question des logements est presque plus
importante que la question des loyers même.
Payer une chambre peut être une grosse affaire ;
la trouver fut à un certain moment chose aussi
difficile. Je veux consacrer un chapitré spécial à
ces fameuses cités ouvrières qui ont fait la
réputation de Mulhouse ; je me bornerai pour
aujourd'hui à dire que l'ouvrier a maintenant
tous les moyens de se loger dans de bonnes
conditions, et même de s'assurer à bas prix. Les
moyens de subsistance lui sont également faci-
lités ; mais tout cela rentre dans le système économique de la cité, et je passe.

On a dit, par une métaphore qui n'a rien de
trop hardi, que l'atelier, dans ces grandes manu-

factures, est un champ de bataille : la Société
industrielle institua en 1850 une commission
chargée d'étudier la question des accidents et
de faire des propositions à ce sujet. La commission fonctionne et le nombre des accidents a
diminué. Si la maladie, qu'aucune commission
ne pourrait prévenir, si la mort, qu'aucune
Faculté ne saurait arrêter, atteint toujours l'ouvrier, les caisses de secours mutuels, défrayées
par un mince prélèvement sur les salaires, sont
là pour parer à ces misères, lentes ou subites,
qui envahissent et désespèrent la famille. Faut-
il dire que, lorsque la caisse de secours est
vidée par quelque accident funeste, par une épi-
démie, le déficit est promptement comblé par le
patron, et un fonds de réserve toujours prêt? Et
ce n'est pas seulement entre ouvriers d'une
même fabrique que fonctionnent les sociétés de
secours mutuels ; les instituteurs, les employés
de commerce ont fondé pareille association. En
dehors des caisses de fabrique, deux institutions
religieuses, la Cénobie catholique et le diaconat
protestant, prodiguent les secours à domicile,
gratuitement et sans distinction de culte. « Aide-
toi, le ciel t'aidera, » dit le proverbe. L'ouvrier
le sait bien là-bas, et l'ouvrière aussi.

Rien de plus touchant que les soins bienveil-
lants qui entourent la mère : naguère encore, on

la voyait, à peine délivrée, pâle de souffrance et
d'inquiétude, reprendre le chemin de la fabrique
et retrouver des forces pour le travail. Courage
dangereux et fatal, fatal à la mère, fatal à l'enfant, qui ne peut pas se passer des soins mater-
nels ! Qu'a-t-on fait? La femme qui accouche
reçoit d'abord une somme de 20 fr. ; elle est
défrayée de tout; enfin on lui continue trois
semaines durant, un mois s'il le faut, son salaire
intégral, à la seule condition qu'elle consacre
tout ce temps à se soigner, elle et son enfant ;
c'est cinquante enfants de sauvés sur mille. Il
est peu de grands établissements dans la Haute-
Alsace qui n'aient adopté ces mesures : à Mulhouse, une société de maternité s'est constituée,
qui fournit aux pauvres mères des layettes et
du linge , et, quinze jours durant après la déli-
vrance, une nourriture réconfortante. Je ne saurais passer sous silence certaine délicatesse
dans la philanthropie qui distingue entre
l'épouse légitime et la fille-mère, qui n'exclut
pas la seconde, mais qui déclare sa charité à
l'égard de la première, et n'envoie ses secours à
l'autre que par des voies détournées.

Ce qui m'amène à parler de ces unions mau-
vaises qui se passent du maire et du prêtre : le
docteur Penot nous apprend que ce sont les
Suisses, les Badois et les Wurtembergeois qui

se marient si aisément hors la loi. Cela ne
m'étonne qu'à demi des gens d'outre-Rhin ;
toutefois, nous dit l'ingénieux et bon statisti-
cien, il y a une excuse, des circonstances atté-
nuantes à ces manquements : le mariage est
régi chez eux par une législation sévère, qui le
rend difficile dans le pays même. Je ne men-
tionne ce fait que pour la justice et la vérité
d'une part ; d'autre part, j'aime à louer le zèle
de nos philanthropes, l'activité de la Société de
saint François-Régis, le concours désintéressé
de nos consuls, qui ont levé tout ce qu'ils ont pu
d'obstacles , aplani les pires difficultés pour
rendre à des malheureux qui n'en peuvent mais
une situation normale et légale, et des titres de
légitimation à plus de quatre mille enfants.

Je ne puis entrer dans le détail de tous les
comités de bienfaisance, de toutes les sociétés
de patronage, de toutes les institutions de pré-
voyance : la charité a ses miracles qui défient
tout scepticisme ; je ne parlerai pas des hôpi-
taux, pas même pour louer mon cher Hœffely,
député au Reichstag, l'un de nos meilleurs
Français parmi nos meilleurs Alsaciens : il faut
que nous nous reposions de ce long voyage à
travers le pays de charité : une dernière étape,
et reprenons haleine pour visiter en détail les
cités ouvrières.

Au cœur même de Mulhouse, il existe une auberge, dite Auberge des Pauvres, où l'ouvrier qui voyage pour se procurer du travail et qui, pour arriver, a bien souvent épuisé ses ressources, trouve gratuitement un repas et un lit. Le lendemain matin, avant le départ, avec une bonne assiettée de soupe, il reçoit un morceau de pain et vingt centimes. La maison est tenue avec une rare propreté : la femme y est accueillie comme le voyageur, et une chambre séparée lui est ménagée. Il y a une infirmerie pour les malades, voire même des souliers et du linge pour les nécessiteux. Dans quelques années, le plus tard possible, je le souhaite, cette auberge s'appellera l'Auberge Jean Dollfus : c'est lui qui l'a fondée et qui l'entretient.

Chère, chère France, quels hommes tu as perdus, — si tu les as perdus !

VII.

Les Cités ouvrières.

———

Les cités ouvrières sont la gloire de Mulhouse ; elles ont un renom dans le monde entier, et le voyageur le plus indifférent qui les visite en emporte un double souvenir : le tableau vivant d'une vraie ville en miniature fonctionnant et prospérant à l'ombre et comme sous la protec-tion d'une grande cité ; l'idée d'une œuvre phi-lanthropique, la plus libérale de toutes. Je ne vois rien à quoi comparer les cités de Mulhouse : point de monument qui ne les efface ; point de musée qui ne leur soit préférable ; ce n'est pas une œuvre d'art dont un siècle commande et transmette l'admiration aux âges futurs ; ce n'est pas la huitième merveille du monde, c'est tout simplement, sur la plus grande échelle, l'utile exploité par et pour le bien.

Qui ne connaît ces taudis infects, si complai-samment décrits par le roman, ces succursales

de la Cour des Miracles où la débauche coudoie
l'indigence ; ces casernes, pour leur rendre leur
nom vulgaire, où s'entassent la maladie, la
misère et bien souvent la corruption ? Des quartiers tout entiers en étaient infectés ; la nuit, ils
effrayent ; le jour, ils dégoûtent. C'est comme
une lèpre attachée aux flancs, au front d'une
ville : Marseille, Lyon, Paris n'y ont pas échappé,
il y a vingt ans ; les villes industrielles en sont
le plus généralement atteintes. Il fallait trouver
un remède au mal et l'appliquer. Voyons ce qu'a
fait Mulhouse.

Ce fut M. Jean Zuber, de Rixheim, qui le premier parla des cités ouvrières à la Société industrielle ; il n'avait pas même créé le mot, il avait
fourni l'idée. Mais, à Mulhouse, le germe devient
vite le fruit ; on s'entendit tout de suite sur l'op-
portunité, sur la nécessité de constructions nouvelles ; le but défini, on arrêta les plans. Les
actions étaient déjà souscrites ; avant de chercher les maçons, la Société mulhousienne des
cités ouvrières disposait de 355,000 fr. Puisque
j'ai nommé le premier auteur, il n'est que juste
de nommer le principal promoteur et action-
naire, président de l'œuvre, Jean Dollfus, et
l'architecte Emile Müller, de Mulhouse. Impossible de mieux rencontrer pour réussir... Deux
volontés, deux intelligences, deux activités sans

pareilles ! Et de l'or ! On sait ce qu'en pense
Figaro : « De l'or, de l'or, monseigneur, c'est le
nerf de l'intrigue ! »

Avant d'aller plus loin, déterminons bien le
but qu'on se proposait : je copie les termes mêmes
de l'arrêté : « Elever des maisons commodes et
salubres pour y réunir des locataires à un prix
inférieur à celui qu'ils auraient payé jusque là
pour être mal logés ; faciliter à l'ouvrier l'acqui-
sition de la maison qu'il habiterait et faire de lui
un propriétaire. » Prenons-y garde ; il y a là
plus d'un problème à résoudre, et de solution
difficile. Le terrain trouvé, la maison construite,
restait le locataire à séduire. La nature humaine
aurait bien changé ; déjà presque elle tiendrait
de la perfection si le pauvre ne se méfiait plus
du riche et l'ouvrier du patron. Pour le pauvre,
en effet, tout riche est un Grec dont les présents
sont funestes : *Timeo Danaos et dona ferentes.*
Jusqu'à plus ample informé, l'ouvrier allait
être hostile et réfractaire au bienfait ; ce qui risquait le plus de manquer aux cités, c'étaient des
habitants ; mais laissons les construire.

Différents modèles furent essayés, maisons à
étage sur rez-de-chaussée et maisons à rez-de-
chaussée seulement. Autre essai : on construisit
des maisons adossées deux à deux avec jardin
sur la façade, mais où l'air et la lumière man-

quaient sur les chambres de fond ; puis des maisons par groupes de quatre avec jardin tout autour, quatre jardins par groupe. C'est ce dernier système qui prévalut. La surface d'une maison avec son jardin est de cent soixante mètres carrés. Qui voudra maintenant savoir. ce que vaut le locataire n'aura qu'à jeter un regard sur la propriété : tant vaut le potager, tant valent l'homme et la famille. Que s'il y a des fleurs, comptez qu'il y a là quelque jeune fille. De vrais boulevards à trottoirs, promenades ombragées, forment l'artère principale sur une largeur de onze mètres ; des rues transversales de huit mètres coupent la longue file des cités. Des fontaines y fournissent l'eau en abondance ; des réverbères à gaz, la lumière. Et des deux côtés du canal de décharge, vous voyez s'étendre dans une vaste plaine, sur un espace de plusieurs kilomètres carrés, les constructions charmantes qu'animait en 1870 une population de huit mille âmes.

Si, au lieu d'un simple crayon, l'on voulait un historique complet des cités, je ne puis mieux faire que recommander le travail achevé du docteur Penot. (Imprimerie L.-L. Bader, 1867.) On y apprendra, au centime près, ce que coûte la construction d'une maison, à quel taux elle se loue et s'achète, selon qu'elle est construction d'angle ou construction intermédiaire, et encore bien d'autres choses. On y verra comment en treize ans et cinq mois, après un premier versement de 300 fr., moyennant un loyer mensuel de 25 fr. régulièrement soldé, le locataire devient acquéreur d'une maison de 3,000 fr. Dès 1854, la Société avait vendu quarante-neuf maisons ; douze ans plus tard elle en avait vendu six cent quatre-vingt-quatre, c'est-à-dire qu'en douze ans, Mulhouse avait gagné au parti de l'ordre et des honnêtes gens six cent quatre-vingt-quatre pères de famille qui répondaient aux entrepreneurs de grève : « Halte-là ! » aux communards : « Passez votre chemin, on travaille ici ! »

Charité bien entendue commence par... autrui, et devient de la bonne politique.

Il m'est arrivé de dire, et plus d'une fois, je crois, que l'histoire de Mulhouse était ou pourrait être l'histoire de l'Alsace : l'exemple donné, en effet, pour ce qui est des cités, fut bientôt suivi : il s'éleva des maisons ouvrières dans tous les centres industriels du Haut-Rhin. Il y eut des Jean Dollfus à Guebwiller, ils s'appelaient Bourcart ; à Beaucourt, vers le Doubs, ce sont les Japy frères ; à Colmar, c'est Antoine Herzog..... mais c'est l'histoire de Mulhouse que je sais le mieux. Or, il me revient en mémoire deux anecdotes que je regretterais de garder pour moi.

C'était en 1867 : le ministre de l'instruction
publique , mon cher et vénéré maître Victor
Duruy, était venu à Mulhouse sur la réputation
de la ville ; il fut tout naturellement curieux de
visiter les cités, et le maire, Jean Dollfus, très-
naturellement fier de les lui montrer. J'étais de
l'escorte, qu'on me pardonne cette petite fatuité
de ma reconnaissance ! Victor Duruy fut émer-
veillé du spectacle ; je le vois entrant dans une
des maisons de la cité principale, et interrogeant
une brave femme qui vaquait aux soins du
ménage, et ne soupçonnait guère qu'elle recevait
un ministre de l'empereur. Entre autres questions, Duruy lui demanda ce qu'elle faisait, elle
et son mari, de leurs soirées. « Et notre maison, donc, monsieur ? » Notre maison ! Une châ-
telaine n'est pas plus fière de son manoir. Le
ministre sourit, et sortit.

Voici l'autre anecdote : l'Empire penchait déjà
vers son déclin, les braves cœurs cependant ne
lui manquaient pas. Quelques enfants de
Mulhouse, après un premier congé de sept ans,
s'étaient rengagés, et de leur prime avaient
acheté et meublé une maison pour leurs vieux
parents. Si j'avais encore l'honneur d'être Alsacien, je voterais une plaque commémorative à
mettre au frontispice de cette maison. On élève
tant de statues aux demi-grands hommes qu'un

petit hommage à ceux qui ne sont que bons me
paraîtrait tout à fait d'à propos. Honorons le
beau, et sachons aimer le bien.

Pardonnez-moi, lecteur,
Ces braves soldats-là, je les ai sur le cœur.

Jean Dollfus, qui pense à tout, jusqu'à me
recommander, sachant que j'écris cette histoire,
de l'y nommer le plus rarement possible, se
demanda, les cités étant déjà presque construites,
s'il ne leur manquait rien. Sa réponse fut la
construction de bains publics, d'un lavoir, d'un
restaurant, d'une boulangerie, — j'en passe, —
et d'une bibliothèque populaire, la nourriture de
l'esprit après la nourriture du corps.

Le bain se paye 15 centimes, linge compris ;
s'il y a plus de baigneurs que de baignoires, la
durée du bain n'est que de trente minutes ;
Paris a des établissements plus coquets, il n'en
a pas de plus proprement tenus. Le lavoir, qui
est contigu, contient quarante bacs, où les
laveuses ont de l'eau chaude à discrétion
moyennant 5 centimes pour les deux premières
heures, et 5 centimes pour chaque heure en
sus. Un hydro-extracteur placé dans le lavoir et
un séchoir à air libre fonctionnent gratuitement.

Le restaurant des cités forme une construction

analogue et parallèle aux bains et lavoir, place
Napoléon. — Hé, mon Dieu, oui, Napoléon ! La
place s'appelait ainsi en 1870 ; peut-être qu'elle
s'appelle aujourd'hui Guillaume ou Bismark ;
si c'est son nom, je gage que ce n'est pas le conseil municipal qui le lui a donné. Le restaurant,
au bon temps, était ce que sont dans toutes les
grandes villes les établissements dits Bouillon-
Duval. Simplifiez, réduisez la carte ; le système
est le même, c'est le plat du jour avec une
réduction de prix incroyable. Une simple observation : si c'est de la Maison-d'Or ou du Café
Anglais qu'on part comme point de comparaison, je dois reconnaître qu'il y aura désillusion
et que le service des cités paraîtra bien primitif ;
si c'est des dîners à trente-deux sous, la comparaison devient possible, l'hésitation permise, et
le juge embarrassé. Mais partez du petit mar-
chand de vins où l'ouvrier prend sa nourriture,
quand il le peut ; partez de la caserne militaire,
cette cuisine où l'appétit est le principal condi-
ment, le restaurant des cités va devenir le
temple de la gourmandise ! J'y ai dîné, moi
parlant, pour quarante-cinq centimes, suffisam-
ment dîné : plat de viande, plat de légumes,
pain et vin. Eh bien, la main sur la conscience,
sans grande tentation d'y retourner, j'ai eu grand
plaisir d'y être venu, et je suis horriblement
difficile !

La boulangerie vend au comptant, sage et excellente mesure, les cinq livres de pain de cinq à dix centimes moins cher que le boulanger de ville qui vend au plus bas prix ; l'épicerie livre tous ses produits au prix d'achat. Quant à la bibliothèque, elle est ouverte tous les jours à tout le monde. Enfin, si le titre n'était pas trop prétentieux, je dirais que les cités ont leur hôtel ; je mettrai tout bonnement leurs garnis, où les jeunes ouvriers sans parents trouvent pour six francs par mois des chambres très-convenablement meublées, plus propres et plus saines assurément qu'ils n'en trouveraient en ville, et les soirs d'hiver, ils ont une salle commune, le salon de l'hôtel, chauffée et éclairée pour passer la soirée. J'aurais négligé un point capital, si je ne rappelais que les cités ont été construites à proximité des grandes manufactures, et que l'ouvrier, le contre-maître qui, naguère, habitait par raison d'économie à six, huit et dix kilomètres de la fabrique, est maintenant au travail en un petit quart d'heure ; chez lui, le soir, en famille, au sortir de l'atelier.

Cela veut-il dire qu'il n'y ait plus à Mulhouse un seul paresseux ; que tous les célibataires y sont rangés, tous les ménages des ménages modèles ? Non ; la vérité, la voici : on a gagné aux bonnes mœurs, à la vie de famille, à l'éco-

nomie, quantité de gens à qui manquait
l'esprit de conduite ; on a remis dans le droit
chemin de pauvres diables qui s'en écartaient,
faute de boussole ; et le bien étant contagieux
comme le mal, on a fait en quelques années une
révolution d'ordre et de bien, qui empêchera
pour longtemps les autres, ces révolutions de
sang et de boue qui sèment la discorde pour
récolter la vengeance.

VIII.

Panorama de Mulhouse en 1870 et Physionomies de Mulhousiens.

——————— •

Nous sommes chez M. André Kœchlin, au Hasenrain. Lorsque le train qui descend vers Mulhouse commence à ralentir sa marche, on aperçoit, à sa gauche, dans la plaine, une vaste usine dont les dix cheminées fument à l'envi : c'est la fonderie A. Kœchlin. Si l'on regarde à droite, on voit sur la hauteur un domaine princier perdu dans les arbres et dans les fleurs : c'est le Hasenrain, une des résidences d'été d'A. Kœchlin.

J'ai nommé l'homme qui fut, avant Jean Dollfus, avec son cousin Nicolas Kœchlin, le personnage de Mulhouse le plus marquant et le plus digne de sa réputation. Il eût pu être ministre des finances avant 1848, il ne fut que député : député et rendu par l'Empire à la vie privée, il demeura jusqu'à la fin un grand industriel. On contait de lui, aux derniers temps de sa vie (il avait plus de quatre-vingts ans!), qu'arrivé de Paris la veille au soir, il était le matin, dès cinq heures, à la fonderie ; qu'à huit heures, il avait dépouillé la correspondance ; qu'à dix heures, il était au courant de toutes les affaires, et qu'à midi, il eût pu renseigner et conseiller ses nombreux associés sur l'ensemble et le détail de leur gestion.

La physionomie d'A. Kœchlin, sans avoir rien de remarquable, était d'une intelligence rare : sous deux épais sourcils grisonnants, un œil clair et profond attirait tout ensemble et maintenait à distance l'interlocuteur : je ne dirai pas qu'il fascinait, mais il dominait, et il ne fallait pas peu d'habitude de l'homme pour n'être vis-à-vis de lui qu'à demi gêné ; la famille tout entière subissait manifestement la supériorité du doyen ; même quand il se faisait bonhomme, A. Kœchlin restait l'homme fort qui a droit d'être fier de lui et d'être exigeant envers les autres. Très-simple de manières, au surplus, moins poseur qu'imposant ou s'imposant, il faisait les honneurs de chez lui en grand seigneur qui ne voit rien de plus beau que le travail, rien de plus noble que d'être le père de ses œuvres et l'auteur de sa fortune. Fin et malin, pour dernier trait, comme on ne l'est guère, — surtout à quatre-vingts ans, — et jouissant à plein cœur de sa ma-

lice. Je me rappelle de quel ton et avec quel sourire il nous racontait un jour avoir vendu à M. de
Morny une paire de chevaux du Brabant le double
juste de ce qu'il en avait payé quatre. Et, j'en suis
sûr, il s'amusait bien plus de ce marché-là qu'il ne
se fût glorifié d'une aumône de deux cent mille
francs, comme il en a fait plus d'une dans sa vie.
Tout de même, il se souvenait, avec de vrais raffi-
nements de joie maligne, qu'étant maire de
Mulhouse, pour entraîner le conseil municipal
dans quelque entreprise utile ou dans quelque
réforme nécessaire, il improvisait des articles de
loi, des arrêtés de l'an III, de l'an X et de l'an
XL, qui triomphaient des hésitations ou de
l'opposition du conseil. Il en riait tout son saoûl,
et sa houppette à la Louis-Philippe s'agitait sur
son vaste front.

Tel était l'homme qui, de sa terrasse, me des-
sinait un jour l'ancienne ville avec ses six cours
d'eau, enfants de l'Ill : la Sinne, le Mittelbach, le
Trœnkbach, le Walkenbach, le Dollergraben et
le Steinbüchlein. Tout cela a disparu ou tend
à disparaître. On n'aperçoit plus aujourd'hui, au
nord de la ville, que le grand canal de décharge;
à l'orient, que le canal du Rhône au Rhin qui
longe le chemin de fer jusqu'à mi-chemin de
Bâle. De la ville actuelle, André Kœchlin ne s'intéressait qu'au nouveau quartier avec son jardin

à l'anglaise et sa triple rangée de maisons à
arcades, et puis à la jolie rue d'Altkirch avec ses
riches villas et ses jardins de plaisance. Pour
André Kœchlin, Mulhouse, c'était ce monde
d'usines et de manufactures qui coupaient l'horizon de leurs cent hauts fourneaux ; Mulhouse,
c'était cette flottille de cheminées qui roulent
leurs flots de fumée des Vosges à la Forêt-Noire.
Spectacle grandiose et particulier tout ensemble
qui ne tarde pas à vous manquer, quand on a
dit adieu à Mulhouse. En effet, c'est le travail et
la vie dans une de ses mille formes et dans sa
toute puissance. André Kœchlin comptait avec
orgueil les millionnaires de l'ancienne petite
république suisse. Quatre-vingt-sept ! Et il ajou-
tait, non sans plaisir : Strasbourg en a cinq ;
banquiers et brasseurs représentent la fortune
dans la capitale du Bas-Rhin ; à Mulhouse, c'est
la grande industrie ou le grand commerce : les
millionnaires modestes sont les sages qui se sont
fait un maximum, de quoi vivre largement en fai-
sant beaucoup de bien autour d'eux. L'ambition
de ceux-là ne va qu'à être adjoints, prud'hommes,
administrateurs du comptoir d'escompte ou de
l'hôpital. Ils se retirent vers la soixantième
année, voyageant un mois, vivant les onze autres
pour la famille, et pour eux, s'ils ont du temps
de reste. Actifs jusqu'au bout, ils ont la sagesse

de veiller sur leurs personnes, et de penser comme Orgon, quand il pense juste :

Guenille si l'on veut ! ma guenille m'est chère.

Ils font bien de tenir à la vie, car ils l'ont su rendre utile et bonne aux autres, ne prenant du cercle et du jeu que ce qu'il en faut pour se distraire, n'usant du tabac et des liqueurs qu'avec modération, de la voiture que par nécessité. Quelques-uns refont ou parfont une éducation qui a manqué à leur enfance ; d'autres reprennent ou poursuivent un goût de jeunesse, la peinture, par exemple ; nul ne se dérobe à quelque emploi intelligent et sérieux de la vie.

Cependant, du Hasenrain, nos regards s'étendent sur la plaine, et de Pfastadt à Modenheim, voyez-vous de loin en loin ces maisons à six et à sept étages qui dominent la ville, comme des vaisseaux de haut bord au milieu de chaloupes? Ces maisons sont les vieilles filatures, dont les métiers travaillent jusque sous les toits. Regardez-les bien, car ce sont les dernières. L'incendie a détruit sous mes yeux les principales, les Kœchlin-Dollfus, les Jourdain, les Nœgely, les Mieg ; elles se construisent aujourd'hui à rez-de-chaussée, et trente mille broches travaillent de plain pied, à moins de risques pour l'ouvrier et

pour l'ouvrage. J'aurais belle occasion de peindre
en passant quelqu'un de ces effroyables incen-
dies qui, en quelques heures, ont détruit des
établissements tout entiers. Rien que d'en parler, il me semble encore entendre le tocsin qui
sonne, le tambour qui bat la générale, le clairon
qui crie au secours, et la pompe à vapeur qui
roule en sifflant vers le lieu du sinistre. Quelles
nuits ! Le lendemain matin, des décombres, des
poutres noircies, des métiers tordus par le feu,
des machines éventrées, des pans de murs d'où
s'échappe un reste de fumée marquaient la place
d'une maison renommée. L'ouvrier déblayait, à
moins de s'être engagé déjà dans quelque
manufacture voisine; le travail, la paye, au
moins, ne chômait pas un seul jour.

Regardez là, devant vous : à côté de la fonderie, c'est la filature de laine de notre ami Trapp;
cet îlot, formé par la rivière, avec ses trois hauts
bâtiments, c'est Nœgely; de l'autre côté, voici
les frères Kœchlin et leurs voisins Frank et
Bœringer ; vers le nord, ces constructions à cinq
étages, badigeonnées de jaune, c'est la fabrique
Albert Schlumberger, le même qui possède, là,
sur notre gauche, cette jolie colline de Diden-
heim. Là-bas, à l'horizon, Dornach avec les Jean
Dollfus, les Steinbach et les Thierry-Mieg; ils
ont les plus hautes cheminées, construites sur

un nouveau modèle, arrondies au lieu d'être carrées ; déjà plus coquettes dans leur élégante et svelte rotondité.

André Kœchlin, qui aimait à causer, joignait à tous ses renseignements des notices de famille qui ne manquaient pas de piquant. Au reste, quand on entame ce chapitre-là, à Mulhouse, l'étranger à qui l'on parle famille regarde bien tout autour de lui pour voir dequel côté il pourra lui pousser un oncle ou un cousin. C'est chose admise là-bas qu'aux visites officielles du Jour de l'an ou dans les invitations solennelles, les devoirs de parenté ne dépassent pas les cousins, quand ils y arrivent. J'ai appris un jour à une de nos grandes dames qu'elle venait de passer devant son oncle. Il est certain qu'André Kœchlin tenait à tous les Kœchlin d'abord, à tous les Dollfus ensuite, lesquels se rattachent plus ou moins aux Mieg, aux Schlumberger et aux Thierry. Et Dieu sait où cela va ! André Kœchlin le savait aussi ; moi, je l'ai oublié.

C'était vraiment un magnifique panorama, que celui de la ville avec les Vosges pour décor de fond. Dès l'aube jusqu'au soir, on eût dit que le bruit des machines ébranlait l'air, et que le bourdonnement de la vie s'échappait par toutes les vallées qui s'ouvrent de Guebwiller à Strasbourg. Le soir venu, lorsqu'en été, par exemple, le soleil se couchait derrière la montagne, une sorte de vapeur d'or montait de la plaine que voilaient les derniers flots de fumée, et le silence du travail se mariait à la paix de la nature dans une admirable harmonie.

La belle chose, la paix, le travail et la charité !

IX.

Physionomies de Mulhousiens.

Une manufacture ressemble à une autre manufacture, à très-peu près : un tissage et un autre
tissage, une filature et une seconde filature sont
construites, ou peu s'en faut, sur le même
modèle. C'est des établissements industriels que
le poète a dit :

> Facies non omnibus una
> Nec diversa tamen, qualem...

traduisez : c'est différent et c'est toujours la
même chose... S'il s'agit des industriels, autant
de chefs, autant de types. Les hommes, fussent-
ils frères, ont un cachet à part : Alfred Kœchlin,
de la maison Steinbach, ne ressemblait pas à
son frère Jules, de la maison Jean Dollfus, ni à
son autre frère Eugène, de la maison F^{res}
Kœchlin. Leur excellent père, que j'ai eu l'honneur de connaître, était aussi un type particu-

lier, aussi respectacle que respecté. Tous hommes d'ordre, mais tant soit peu piqués d'opposition, depuis Jacques Kœchlin qui avait joué un rôle politique sous la Restauration, et qui, après avoir regretté l'empereur sous les Bourbons, aspirait à la République sous Louis-Philippe.

Il est bien entendu que ce n'est pas au point de vue physique que j'entends parler d'eux : non pas qu'il me fût déplaisant d'esquisser les portraits des frères Kœchlin ou que je craignisse de les offenser en les esquissant: je ne pourrais que gêner leur modestie. Mais s'ils posent devant nous, c'est pour mieux que le visage. Sans m'arrêter, d'ailleurs, à une famille, et de façon générale, le type mulhousien, ce que j'appellerai un peu irrévérencieusement le type pur sang, est vigoureux. L'homme est le plus souvent grand, fort quand il n'est pas grand, et de robuste santé ; quand il a quatre-vingts ans, il en paraît soixante; à soixante, c'est un homme jeune, chasseur intrépide, marcheur infatigable, rompu aux exercices du corps, homme du Nord, quoique de l'Est, bien né et bien trempé. Victor Hugo raconte de ses héros des tours de force qui sont jeux d'enfant à Mulhouse. Ces précautions prises vis-à-vis de la génération qui compte aujourd'hui par grands et petits enfants, je reviens à ce que j'ai dit au début, qu'il y en a de toutes les

tailles et de toutes les couleurs, des Nicolas et
des Daniel Kœchlin qui ont près de six pieds,
des André et des Nicolas qui sont trapus et
carrés des épaules. Tous ont une vertu que
Molière prône fort et avec raison, cette vertu qui
se traduit par une postérité de patriarches.

Avant de dessiner aucune figure, je me per-
mettrai une autre observation générale, qui
pourra paraître désobligeante à quelques-uns,
mais qu'on acceptera à Mulhouse où l'on sait se
connaître sans étonnement ni ressentiment. Il
est rare, dirai-je, que l'esprit, en se concentrant
sur un objet, en se spécialisant, ne perde en
étendue ce qu'il gagne en vigueur ; cette observation s'applique à la plupart de nos industriels.
Si l'on admire leur fermeté de caractère, on
s'étonne, en retour, qu'un homme reste dans les
affaires, quand il n'a plus rien à en attendre
pour la fortune ou pour la renommée. Que de
fois ai-je entendu dire, ai-je dit peut-être moi-
même à l'un de nos gros messieurs : « Voyons,
il est temps de s'arrêter ; pour qui et pour quoi
travaillez-vous encore ? Vous ne dépensez pas le
revenu de vos revenus, et pour cause : jouissez
donc de ce qui vous reste à vivre ; votre chaîne
est d'or, mais c'est une chaîne : toutes sont
lourdes à porter ! » Savez-vous ce qu'il vous
répond celui-là, non pas d'improvisation et au

hasard comme pour se débarrasser d'un impor-
tun, mais par réflexion et pour s'être consulté
lui-même sur ce point : « Il est trop tard ! » Ce
n'est que trop juste ; l'intérêt, l'unique intérêt
de ce millionnaire, c'est sa fabrique ou son
bureau, ce sont les affaires. C'est un général
qui a commandé des armées, remporté des vic-
toires, et qui, jusque dans la réserve et la retraite,
continue de batailler et de commander. Voyager! à quoi bon ? Pour regarder de grandes
flaques d'eau qu'on appelle des lacs, ou de gros
blocs de rochers qu'on appelle des montagnes!
Si ce n'est pas la nature à quoi l'on s'attache,
courir les musées, passer de Rubens à Raphaël
et de Raphaël à Rubens en poussant la même
éternelle interjection admirative! Voyager
encore pour se déplacer, pour collectionner des
impressions dont on ne sait que faire. Qu'on me
pardonne, mais ces réflexions très-sages, dont
je pourrais nommer l'auteur, m'ont paru d'une
justesse égale à leur sincérité : il y a une éducation des voyages, une éducation du goût, une
éducation de la lecture et du travail de cabinet,
dont on n'est plus capable passé un certain
âge. Ils sont très-rares, les hommes qui, ouvrant
à deux battants la porte de leur intelligence aux
affaires, ont ménagé une arrière-porte de sortie,
des jours sur d'autres goûts et d'autres occupa-

tions d'à-côté. On sait ce que sont les affaires d'amour ; eh bien, l'amour des affaires est une passion tout aussi effrénée, tout aussi tyrannique, où la fortune coûte au moins l'indépendance, cette liberté qui sait se prendre à toutes choses, à la politique, à l'art, à la littérature, à tout ce qui vit en nous et autour de nous.

Cette absorption est si puissante , et quand elle vous tient, vous tient si fort, que souvent j'ai eu peine à reconnaître à trois ou quatre ans de distance un jeune homme que j'avais connu espiègle comme un rhétoricien et que je retrouvais grave comme une addition. Le vent du bureau avait soufflé sur ces jeunes fronts, emporté les illusions et les sourires pour y substituer les préoccupations et les anxiétés du doit et de l'avoir. Je sais, en vérité, des pères plus jeunes de sentiment et de cœur que leurs très-jeunes fils. Cependant je serais bien peiné qu'on prît ces réflexions pour une critique. Il n'y a là ni défaut ni vice comme, par exemple, de lésinerie ; il y a conséquence fatale d'un emploi particulier de l'intelligence. Il semble que l'aptitude vraie aux affaires s'acquière par l'assimilation complète de l'individu à sa partie ; et si j'insiste, ce n'est pas par esprit de dénigrement, tant s'en faut, mais pour apprendre à ceux qui commencent comment vraisemblablement ils finiront. Il y a là un écueil, un cap des tempêtes qu'il n'est pas aisé de doubler. On ne réussit qu'en se donnant tout entier, cœur, esprit et volonté, au métier ; mais une fois qu'on lui appartient, il faut se dire qu'on ne s'appartient plus à soi-même.

Eh ! mon Dieu, ainsi de tout ! Voyez seulement comme le modeste employé de bureau, dont toute l'ambition est de devenir sous-chef et qui règle son travail sur son ambition, prend en quelques années le pli du ministère et ses grâces rechignées. La correction, la régularité, l'exactitude, une cravate blanche et une bonne écriture, tout fait corps. Comprenez donc, après cela, comment l'homme dont la pensée, au lieu de s'enfermer dans les secrets insignifiants d'une paperasserie monotone, s'étend à mille soins divers, variables et considérables ; qui doit se préoccuper un an à l'avance de la récolte du coton en Amérique et des fluctuations de la mode dans le monde entier, s'inquiéter du progrès incessant des machines, combattre les faillites et les grèves, prévoir les révolutions politiques et y parer, redouter et vaincre une perpétuelle concurrence, comment cet homme doit s'user à un pareil labeur, et, s'il ne s'y use pas, de quelle vigueur son esprit et son caractère doivent être trempés pour soutenir cette lutte gigantesque. Voilà ce qu'il faut bien éta-

blir et bien comprendre pour juger ces hommes
de l'industrie dont on ne peut apprécier la
valeur qu'en les voyant à l'œuvre.

J'ai laissé entrevoir dans un précédent entretien la silhouette de Joseph Kœchlin-Schlumberger et d'André Kœchlin, qu'Emile Souvestre
appelait perfidement A. K. en ajoutant qu'il ne
fallait pas le confondre avec Alphonse Karr.
D'accord ; André Kœchlin vaut par lui-même,
en dehors de toute comparaison.

Parmi les hommes distingués du cercle social,
l'un des plus distingués était Edouard Trapp.
Enfant trouvé ou recueilli par la charité, Edouard
Trapp, parti du plus modeste emploi de l'apprenti,
était devenu le chef d'une des plus importantes
filatures de laine. On se le figurera en se rappe-
lant le petit rentier du Marais, quand il y avait un
Marais. Physionomie fine et bonne, — deux qualités qui ne sont pas toujours réunies, — humeur
toujours égale, esprit ouvert et facile, Edouard
Trapp apportait dans toutes les affaires où il se
mêlait des qualités supérieures d'ordre, de luci-
dité, de sens commun et pratique. Homme de
foi et homme de principes, il avait une autorité
considérable : le jour où les notables l'avaient
élu président du tribunal de commerce, il avait
rempli ses fonctions avec une sagacité et un

8

esprit d'équité tels qu'il n'a pas été remplacé
par ses successeurs ; son greffier, qui s'y connaissait, me contait que pas un de ses jugements
n'était à reviser. Sa mort a été celle d'un sage.

La maison Edouard Vaucher était représentée
par trois chefs, très-capables, mais aussi dissem-
blables physiquement qu'on le peut être. M. R.
Meyer était prisé pour la sûreté de son coup
d'œil ; il n'avait pas son pareil pour dire, à la
vue, combien de fils à la trame ; petit homme
brun qui avait été un jeune homme fluet, mais
qui avait pris du ventre avec des millions et qui
vivait dans sa gloire sans faste et sans bruit.
Edouard Vaucher, que les anciens appelaient
volontiers le père Vaucher, était petit, trapu,
ramassé : sorti de son village de Fleurier, près
Neuchâtel, avec cinquante écus en poche, il
avait fait dans le commerce du calicot une des
fortunes les plus considérables de l'Alsace, où
les millions ne manquent pas. Je lui ai connu
deux passions, les fleurs et le domino, où il
était passé maître, tant qu'il aurait bien payé
mille francs le plaisir de gagner trente centimes :
très au-dessus de ces deux passions, il avait
deux profonds amours, sa famille et sa patrie.
C'était un homme de bien et un chrétien sincère.
Je ne me le rappelle pas aujourd'hui dans son
enveloppe un peu lourde sans qu'il me prenne

envie de sourire si je le compare à son troisième
associé, Henri Spœrry, l'élégance même et la
distinction. Dans cette grande maison Vaucher,
Spœrry était comme qui dirait le ministre du
contentieux, le diplomate : si vous l'aviez rencontré dans un ministère à Paris, vous l'eussiez
pris pour Son Excellence. Tenue irréprochable,
taille élancée, grandes manières, la dignité de
l'homme et son affabilité lui conciliaient d'abord
les suffrages ; sa réputation en matière commerciale était faite et parfaite ; je ne l'ai connu, moi,
que comme homme du monde, mais un des
meilleurs du meilleur monde. Au point de vue
politique, Vaucher penchait davantage vers la
République, Spœrry vers la Monarchie, tous
deux étaient d'excellents citoyens, hommes
d'ordre et capables de sacrifier au bien public
leurs rancunes, et, ce qui est plus difficile, leurs
sympathies.

Si je faisais la peinture des frères Kœchlin,
ce serait un musée que j'entreprendrais de
construire : je me contenterai de deux portraits, ceux du beau-père et du gendre. Alfred
Kœchlin-Steinbach est un des personnages les
plus curieux à connaître, peut-être un des plus
compliqués. Les jours d'élection politique,
c'était, qu'il me le pardonne ! un autre que lui :
je ne sais quelle fièvre et quelle rage le prenait

ce jour-là, et l'entraînait d'un bureau à l'autre, à tous les autres ; c'était une affaire personnelle, un triomphe ou un affront que le suffrage universel lui ménageait. Et cet homme, vraiment fort, était un véritable enfant devant le gros joujou, formidable autant que ridicule, qu'on appelle l'urne électorale. Remarquez que la veille et le lendemain il n'y songeait plus et vaquait à ses affaires en pleine liberté d'esprit ; mais, le jour, ce n'était pas cela. Et, chose à remarquer ! c'était toujours pour un autre ou contre un autre, jamais pour lui-même qu'il s'agitait et se démenait ainsi. Ce jour-là, il arrêtait les pas-sants, il était l'intime de tous les ouvriers, il enrégimentait nos rhétoriciens, des jeunes gens qui sont aujourd'hui pasteurs, il m'en faisait des meneurs intrépides ; il leur persuadait, mission sainte ! de subtiliser, d'inutiliser, pour garder la politesse, le plus possible de bulletins officiels. Et il attendait, haletant, fiévreux, les résultats ; et si c'était le candidat de l'Empire qui passait, il était plus malheureux que le vaincu ; mais pour vingt-quatre heures. Le lendemain il était à la fabrique, et c'était un travailleur du pre-mier ordre. Esprit plus brillant que solide en dehors des affaires, il eût été capable de les quitter et de se créer des loisirs agréables ; mais il était pris dans le terrible engrenage, et il ne

lui fallut pas moins que les désastres de l'Alsace
pour en faire un des députés de Bordeaux. Il
alla protester, revint prendre sa place à son
bureau de Dornach et mourir de douleur dans
les bras de sa femme. Ajouterai-je que c'était
un des plus sympathiques visages que l'on pût
rencontrer ; il avait grand air, et ce démocrate
enragé avait bien de la peine à ne pas laisser
dans l'opinion de ceux qui l'approchaient l'idée
du plus parfait gentilhomme de la plus fine
aristocratie.

Son beau-père est Georges Steinbach, de
Mulhouse, qui est encore le Steinbach de Flo-
rence, de Vienne, de Saint-Pétersbourg, de
New-York et autres lieux circonvoisins. C'est la
première, sinon la seconde impression d'Alsace,
si bien qu'Alfred Kœchlin fait la concurrence à
ses frères, ce qui ne les empêche pas d'être très-
unis. G. Steinbach a la prudence et la solidité du
commandement ; très-fort sur lui-même, très-
fort contre les coups de la fortune qui l'ont si
cruellement éprouvé en quelques années, il me
paraît être un des chefs de maison le plus justement en crédit. Il ne se prodigue pas en réflexions
verbeuses, c'est-à-dire oiseuses, mais toutes ses
paroles portent ; et quand il donnait son avis au
conseil municipal, il était rare que cet avis ne
fût pas le bon. Si G. Steinbach n'a pas l'impé-

tuosité de J. Dollfus, sa lenteur n'a jamais de
repentir. A les comparer, ils en souriront eux-
mêmes, c'est Turenne et Condé. Il est curieux
de voir G. Steinbach porter jusque dans le
whist l'habitude de la réflexion; très-lent à
jouer, il commet rarement une faute; dans les
affaires, il n'en commet pas. Homme excellent,
qui a de solides amis, cette force et cette gloire
des bonnes réputations! Comme en Russie le
czar et le czarewitch ont l'air de suivre chacun
une politique à part, le beau-père ici était plus
conservateur, le gendre plus libéral. Steinbach,
que la malice avait surnommé Môi, eût pu
prendre pour devise ce mot de Corneille : « Moi,
moi, dis-je, et c'est assez ! »

Je ne suis pas pressé de parler de Jules-Albert
Schlumberger ; je le retrouverai pendant ou
après la guerre, mais qu'il s'en faut que j'aie
parcouru le quart seulement de l'état-major du
commerce et de l'industrie à Mulhouse. Ne
dirai-je rien des Zuber, de Rixheim ; rien des
frères Heilmann, si tendrement unis ; rien
des Mieg que nos revers ont portés si généreuse-
ment aux lourdes charges des honneurs publics ;
rien d'Auguste Dollfus, fils d'Emile, et qui porte
si bien un nom si vénéré ! J'avais depuis longtemps rêvé pour Mulhouse un livre d'or comme à
Venise ; il eût été entrepris et serait achevé

aujourd'hui sans la guerre. Hélas ! cette guerre, nous y arrivons, sans y songer, et je crois presque assister encore à ce grand branle-bas, qui fut si vite la défaite et l'annexion. Pauvre chère ville ! quel désastre, suivi de quel désespoir ! C'était plus qu'une défaite, plus qu'un désastre, c'était la patrie perdue, la France morte pour Mulhouse, et pour toute consolation, celle que Pavie laissait au roi François Ier. Il y eut peut-être lieu alors pour la première fois de sécher des larmes sur des tombes récemment fermées et de féliciter les Daniel Kœchlin et les Joseph Kœchlin-Schlumberger d'avoir échappé à ce cruel spectacle.

Mais il y aura lieu aussi pour moi de louer les vertus civiques des survivants, ces courages, non moins exposés que sur les champs de bataille, de citoyens qui avaient à traiter de jour en jour avec le vainqueur, à lui disputer pied à pied ses prétendus droits, et à sauver Mulhouse de la famine, de la misère et du canon.

X.

Avant la Guerre.

C'est une idylle qu'il faudrait savoir écrire aujourd'hui.

La guerre même d'Amérique, qui aurait pu être si funeste à tout le commerce d'Alsace, n'avait fait qu'effleurer sa prospérité, sans l'entamer : un vent de fortune soufflait sur Mulhouse. Sa population s'accroissait dans des proportions énormes ; il eût été difficile de prévoir où s'arrêterait le progrès. Le petit commerce était sur le chemin de devenir le grand ; je me souviens de l'aspect encore mesquin de la ville en 1855 ; la plus belle voie, celle de la porte de Bâle, était bordée d'étroites et basses boutiques, qui, petit à petit et l'une après l'autre, devenaient de riches magasins. Un passage couvert prenait la place d'une affreuse ruelle ; le luxe et le bien-être s'étalaient à l'envi. Encore un peu, les faubourgs allaient devenir la ville elle-même ;

deux ponts jetés sur le canal de décharge, et les cités ouvrières réunissaient déjà Dornach à Mulhouse.

Les professions libérales, aussi, s'étaient fait leur belle place au soleil. La sous-préfecture et le tribunal de première instance, en introduisant à Mulhouse un nouvel ordre de fonctionnaires, avaient greffé pour ainsi dire une société neuve sur l'ancienne, et non pas au détriment de celle-ci. On s'était trop marié entre cousins jusque-là ; il faut, comme on dit, croiser les races. L'élément étranger avait rajeuni la vieille bourgeoisie, et ces magistrats de passage, très-distingués pour la plupart et du meilleur monde, avaient jeté dans les relations sociales de la variété et de l'animation.

Le procureur impérial, homme de savoir, homme d'esprit et de cœur, s'unissait vers 1860 à l'une des familles les plus considérées de Mulhouse, et ce mariage était salué de tous par l'hommage des plus vives affections.

Notre premier sous-préfet, M. Dubois de Jancigny, avait ouvert un salon officiel, qui était le plus hospitalier, le mieux accueillant et le moins solennel de tous les salons.

Au Cercle social, le centre principal du grand commerce, la conversation s'animait sans que la hausse ou la baisse du coton en fît tous les frais.

Avocats, avoués, professeurs, fonctionnaires devenaient un Etat dans l'Etat. Je serais bien ingrat d'oublier notre Faculté : Mulhouse avait des praticiens du plus rare mérite, et je les nommerais tous, si la reconnaissance publique ne les avait nommés avant moi.

D'autre part, les hautes écoles de filature, de tissage et de commerce avaient attiré du dehors un grand nombre de jeunes étrangers, riches pour la plupart, et qui, une fois présentés et patronnés par quelque famille influente, donnaient le ton et faisaient la mode. Un manége avait développé les goûts équestres ; et les cavaliers, les amazones animaient le joli Tannenwald, où se dessinaient chaque jour de nouvelles et belles allées.

On était heureux, et l'on jouissait de son bonheur : c'était des bals, des comédies de salon où l'on abordait tous les genres : sur une scène très-coquette, mais très-suffisante, construite dans les salons de Mme Nicolas Kœchlin, j'ai vu jouer : *Elle est folle, l'Affaire de la rue de l'Ourcine, les Deux Aveugles, le Village* ; dans une autre maison, si heureuse alors et tout hospitalière : *Ke-Ki-Ka-Ko, les deux Papas très-bien, le Serment d'Horace, Bonsoir, voisin* ; et la fête, chez l'ami Eug. de Pouvourville, durait des semaines et des mois.

Ailleurs que chez les riches, on savait s'amuser ; le Cercle des ouvriers donnait des bals et des concerts très-suivis ; les Orphéons, les Sociétés de gymnastique appelaient la foule sous les ombrages du bois. Le théâtre et l'Alcazar, sans vaincre les préjugés des vieilles mœurs patriarcales, gagnaient dans l'esprit public et faisaient des adeptes.

Edouard Vaucher se construisait un palais rue d'Altkirch ; Fritz Kœchlin, Mausbeudel, Hartmann-Liebach, Aug. Kulmann, des villas princières tout le long du coteau ; Alfred Kœchlin-Schwartz dépensait plus d'un million à cette magnifique résidence du vignoble où il a si peu résidé. Les propriétés avaient doublé et triplé de valeur ; un appartement au Nouveau-Quartier se payait de deux mille cinq cents à trois mille francs ; un logement en ville valait de mille à douze cents francs, et il ne fallait pas se montrer trop exigeant. Mulhouse est sans contredit une des villes où la circulation du numéraire témoigne le mieux de la fortune publique. Je lis dans un article de M. Emile de Girardin : « Vitesse est richesse ; qui dit circulation dit ardeur au travail ; celui qui consomme active le travail ; celui qui épargne le ralentit... » Concluez !

Cet accroissement et ce développement extra-ordinaire avaient cependant un tort grave, celui de gêner les traitements fixes de l'Etat. Les pauvres avaient les cités ; les riches avaient... la richesse : entre les deux il y avait cette classe intermédiaire à qui sont interdits les moyens économiques des uns, interdits les dépenses et le confort des autres ; la vie avait des difficultés pour cette classe-là ; mais avec de la raison et du travail on s'en tirait toujours à son honneur.

Une bonne note, d'ailleurs, à donner sur ce point encore à Mulhouse. La modestie des toilettes et la simplicité de la vie y étaient bien plutôt un titre au respect public qu'un danger de mésestime. La seule espèce qui trouve difficilement à s'acclimater à Mulhouse et à s'y pousser, c'est le poseur ou le faiseur. L'argent sans doute est un précieux étalon du mérite, mais l'argent du travail, point l'argent trouvé. S'il faut être vrai, cependant, et il le faut être, je raconterai que quelques rares personnes étaient trop disposées à juger de ce qu'on vaut par ce qu'on gagne, et trouvaient les fonctionnaires un peu... comment dire ? un peu maladroits de demander à l'Etat des appointements de deux, de trois ou quatre mille francs qu'ils se seraient faits si aisément en sachant s'employer eux-mêmes. « Deux mille francs de traitement, disait un millionnaire à un pauvre diable de professeur qui n'était pas sans mérite, notre dernier commis a mieux que cela. » Je consens que ce millionnaire manquait ce jour-là de prudence ou d'égards ; mais au fond, quel bon conseil il donnait à tous ceux qui le voudront comprendre ! Ah ! jeunes Français, mes amis, aspirez à mieux qu'à la piteuse sécurité du fixe insuffisant ; sachez exploiter vous-mêmes, pour vous, des facultés heureuses et mériter mieux qu'une misérable retraite après trente ans de services et à soixante ans d'âge !

En parlant de la sorte, je pense à quelques-uns de nos anciens collègues qui avaient souvent la plainte à la bouche et maugréaient contre la cherté des vivres, contre la cherté des loyers et l'insuffisance des revenus. A qui la faute ? Pas à Mulhouse, assurément ; c'est la loi, d'ailleurs : il faut des heureux, il faut des mécontents ; la maladie et la santé se côtoient ; l'une l'autre elles se succèdent et se complètent. En résumé, la société ne pouvait que se louer d'elle-même, la nature faisait le reste. Mais la nature, ce n'est plus Mulhouse, et je m'arrête ; on me permettra bien de dire, cependant, que la bénédiction de Dieu était sur ses campagnes, et que l'Alsace est la province privilégiée du ciel, comme Mulhouse est la patrie favorite des vertus civiles et morales, qui font les villes florissantes et glorieuses.

XI.

Pendant et après la Guerre.

Lire la *Ligue d'Alsace*, si l'on peut ; — ces lignes, si l'on veut.

Vous rappelez-vous, cher lecteur, le début du récit d'Enée ? C'est quand on a passé par des épreuves comme les nôtres qu'on sait tout le prix de ces admirables vers, qu'on en sonde toute la profondeur, qu'on en ressent toutes les émotions :

Infandum, regina, jubes renovare dolorem,
Trojanas ut opes et lamentabile regnum
Eruerint.....

« C'est raviver une inexprimable douleur que me faire dire comment ils ont renversé cette grande fortune de Troie et ce déplorable empire.....» Oui, ce fut une monstrueuse cruauté, mais que surmonta la vertu. A cinq ans de distance, quand je repasse dans ma mémoire tout ce que subit Mulhouse, tout ce qu'elle affronta, de quel cœur elle reçut le coup, de quel cœur elle lutta, de quel cœur elle se résigna, je suis pris encore d'une émotion profonde et d'une sincère admiration pour cette vieille patrie. Ah! sans doute il y a eu d'autres événements et d'autres actes d'héroïsme : en vaillance, la France n'est jamais vaincue.

Mais, sans déprécier le courage du champ de bataille ou de la défense des places, on peut presque dire que la nécessité de la lutte dans l'un et l'autre cas ôte au courage quelque chose de son mérite : se rendre est une telle lâcheté qu'on n'a trouvé que l'homme du Mexique pour la commettre. Mais la place ouverte, désarmée, qui lutte six mois, un an contre la force brutale victorieuse ; qui pourrait payer sa sécurité avec l'argent de tout le monde, c'est-à-dire économiquement pour chacun ; la ville qui, se sachant perdue, aurait tous les moyens de se tirer à bon marché du désastre, pourrait attendre et entendre les propositions, fouiller dans la poche de ses habitants, et qui ne fait pas une concession, qui repousse toutes les avances, qui traite en égale ; qui répond : « Non ! » au général qui lui dit : « Payez ! » qui répond : « Tirez ! » au général qui menace de la bombarder si elle ne donne pas sur le champ deux cent cinquante mille francs ;

cette ville-là, Mulhouse, a couronné sa gloire,
et bien mérité de l'histoire, de la France.

L'historique de Mulhouse en ces années de
malheur 1870-1871, ce serait les procès-verbaux
des séances du conseil municipal. Cela vaut un
livre à part et ne peut fournir un chapitre de
fantaisie : tout au plus y recueillerons-nous
quelques anecdotes. On a tant fait de tableaux de
la guerre et de l'invasion que je me crois dis-
pensé, dans l'intérêt même du lecteur, de
recommencer. Ce fut le 16 septembre que l'ennemi entra dans nos murs ; les éclaireurs étaient
des Badois qui travaillaient naguère à Mulhouse
comme garçons brasseurs ou fileurs, et qui
connaissaient la ville par le menu ; ils étaient
trois, puis à vingt-cinq pas deux autres, puis à
cinquante pas un gros de cavalerie, officier en
tête. Le major, à cheval, tient une carte dépliée,
un plan de la ville qui lui épargne toute question ; il s'est d'abord dirigé vers la mairie, où il
a mandé au conseil de le venir recevoir; le conseil lui a fait répondre qu'il était en séance et
qu'il continuerait de siéger. La vengeance du
major a été magnifique : « Adieu, citoyens de la
Prusse rhénane, » a-t-il dit en se retirant. Puis
la réquisition obligée : deux jours de ration pour
dix mille hommes ; ils sont bien cinq cents; du
fourrage pour neuf cents chevaux, et des

cigares... Seulement, l'entrepôt ayant été forcé et le tabac volé, la réquisition s'est trouvée réduite d'un tiers.

Les petites flibusteries de ces héros, les allées et venues, les tours de passe-passe de ces soldats chargés de faire peur, tout cela ne vaut pas qu'on en parle ; plus curieux, leur système d'espionnage et leurs reconnaissances au pays moral ; ils ont bien plus peur qu'ils ne font peur.

Il ne s'était pas écoulé deux jours depuis leur arrivée qu'ils feignaient une retraite précipitée et faisaient courir le bruit d'une grande victoire des Français ! Le malheur rend crédule ; d'ailleurs, en quoi une victoire pouvait-elle nous surprendre ? Quelques heures donc après le départ de la colonne, deux zouaves parcouraient la ville, confirmant la nouvelle et traînant après eux une foule ivre de joie et de cris ; c'était deux faux zouaves, deux espions déguisés, qui avaient rejoint avant le soir le corps d'armée et fait leur rapport au général. Ah ! ces gaillards-là s'entendent en guet-apens et en trahison. Dieu sait, et tout Mulhouse aussi, quel haut et puissant personnage en *us* prêta la main à ces petites et grandes infamies et se fit gloire de son ignominie ! Mais de la guerre je ne veux rappeler que ce fait caractéristique : une des premières réquisitions de l'armée victorieuse fut une réquisition

9

énorme d'un certain produit pharmaceutique, de dragées qu'ordonne le docteur Albert aux malades qui n'avouent pas leur maladie : l'armée sainte avait été touchée des flèches de l'amour !

Le temps marchait, et Mulhouse, qui voyait partir l'un après l'autre tous ses jeunes gens, combattait la douleur par le travail. On essaya un jour de l'arracher à ses habitudes d'ordre, et l'on crut pouvoir spéculer sur ses tristesses pour y semer la guerre civile entre l'ouvrier et le patron : tentative inutile et qui tourna toute à la honte de ses entrepreneurs ! Quelques carreaux cassés, un des aboyeurs perforé d'un bon coup de pertuisane, et tout fut dit. Vingt citoyens résolus, armés de bâtons ou de vieilles hallebardes (on sait pourquoi les fusils manquaient), protégèrent la place de l'Hôtel-de-Ville, et cette échauffourée d'une heure ne troubla pas ce qui nous restait d'ordre public et de paix municipale : le lendemain de ce triste dimanche, le 18 septembre, tous les ateliers fonctionnaient.

Il serait curieux, sans doute, de procéder ici par chiffres, et de dire ce qu'il en coûtait aux grandes maisons de ne pas suspendre le travail ; on marchait à la ruine, du même pas que nos soldats à la mort. Les voies interceptées de Mulhouse à Paris ne laissaient sortir aucun pro-

duit; la matière première n'arrivait que par
tolérance du vainqueur ; les docks s'encom-
braient de marchandises, et l'emmagasinage
n'est pas un profit ; mais que faire ? Si bon Français que soit l'ouvrier, il n'est ni très-sage ni
très-éclairé ; à qui s'en prend-il, si le pain lui
manque ? aux fautes d'en haut et du dehors ? à
la guerre ? Il s'en prend à son patron. Il l'accu-
sait des grèves, il l'accusera des inondations, il
l'accuse du présent. On l'a dit assez et sur tous
les tons : le peuple est un grand enfant qui se
fâche ou s'apaise, comme l'enfant du poète, en
moins d'une heure ; d'où il ne faudrait pas conclure que l'intimidation avait raison et que
les maîtres faiblissaient; non, certes ! Ils se
sacrifiaient à la grande famille qui leur demandait du pain, et, payant à l'ennemi d'effroyables
contributions, payaient leur solde aux ouvriers.

La guerre ne leur a pas pris tous leurs millions,
elle leur a pris la patrie. Mais qu'ils l'ont vail-
lamment défendue de toutes leurs forces, de
toute leur énergie ! Qu'ils auraient vite trouvé
de l'argent, s'ils avaient pu racheter leur
France ! M. de Bismark avait prononcé : il avait
lieu de se dire ce qu'on lui répétait, d'ailleurs,
preuves en main, que l'annexion de l'Alsace
porterait grand préjudice au commerce allemand ;
en retour, il supputait le brillant apport de cette

riche province, la gloire avec beaucoup d'argent. Et puis, on y était Allemand, puisqu'on y parlait allemand. Donc la conversion serait bientôt faite ; et quelle mine à exploiter ! Il ne fallait pas être, pourtant, bien perspicace pour comprendre que la force brutale n'aurait pas aisément raison du sentiment français ; les preuves parlantes ne manquaient pas. On sait comment Jean Dollfus avait répondu au général badois qui menaçait de bombarder Mulhouse : « Vous n'êtes pas une nation de soldats, vous êtes une race de bandits ! » Et il lui jetait à la face je ne sais quelle décoration dont le roi de Prusse l'avait honoré naguère. Cela ne promettait pas un sujet bien dévoué au roi Guillaume ! La force de la vérité avait vaincu ce jour-là ; Mulhouse n'a jamais pensé et ne pense pas autrement que son grand citoyen.

J'ai déjà raconté comment, en 1871, la ville avait offert à la France une batterie de canons en bronze, se chargeant par la culasse, suprême offrande de la vengeance ! Et depuis, que d'avis donnés à la Prusse ! En 1875, le drapeau tricolore poussait et repoussait sur les plus hauts peupliers qui bordent le canal de décharge ; en 1875, une touchante unanimité excluait de tout et de partout l'élément prussien. On leur ferme les cercles, on les évite à la promenade ; on

s'interdit le théâtre où ils vont, le concert où ils
assistent, les hôtels où ils dînent ; les enfants
s'amusent à traîner leurs parapluies devant ces
traîneurs de sabres. Les enfants ont pris la colère
du père : une famille se rencontre au chalet du
Tanneuwald ; des officiers boivent le vin blanc
où ils ont mêlé la fleur de mai ; ils en présentent
un verre à un petit garçon, qui refuse. —
« Comment t'appelles-tu, petit? — Comme mon
père. — Et ton père ? — Comme moi. » Voilà
comment on les traite ! et si quelque pied plat
fait mine d'agréer leurs avances, on lui tourne
le dos ! C'est un renégat que ses millions ne
rachèteront pas du mépris public. Qu'il ne
s'avise pas de tenter une réconciliation en donnant un bal ; toutes ses invitations lui seront
refusées, quelques-unes avec de sanglants com-
mentaires. Il oblige l'un de ses fils à porter l'uniforme blanc de Bismark : ce fils n'a plus un ami.
La Ligue d'Alsace a flagellé l'homme ; je ne veux
pas le nommer par respect pour ses enfants. Quant
à lui... eh ! il n'est pas trop mécontent ; il a bien
loué ses maisons, et il a l'estime de ses locataires allemands. Ajoutez-y une vingtaine de millions : dame ! on ne peut pas tout avoir.

Avouez, cependant, cher lecteur, que dans
ces petits faits inconnus, dans ces représailles
à huis clos, il y a un cachet de probité, de carac-

tère national qui ne doit pas rassurer le grand
chancelier de l'empire. Quand il s'est agi
d'envoyer à la Chambre de Berlin des députés
alsaciens, on sait quels ont été nos élus : dire
les plus Français, ce serait offenser les électeurs ;
disons simplement les plus antipathiques à M. de
Bismark, et nous serons dans le vrai. Il y a bien
dans le nombre M. Rœss, évêque de Strasbourg ;
il avait mieux promis, et Sa Défection a près
de quatre-vingt-cinq ans.

L'esprit d'hostilité, qui subsiste et persiste,
ne s'est jamais mieux manifesté qu'aux époques
de l'appel militaire : je n'ai rien vu de bizarre,
d'étrange, de bouffon, de laid et de grotesque
comme les conscrits allemands d'Alsace-Lor-
raine. Figurez-vous une collection choisie de
cagneux, de bancals, de borgnes et de bossus :
voilà ce qui se recrute en Alsace depuis 1872...
Mais aussi méfions-nous de M. le Gouverneur ;
que les optants soient en règle et ne s'assurent pas
sur le texte de la loi : le Code qui régit l'Alsace
est plus variable que la rose des vents ; mais
l'Alsacien, lui, tient comme le paratonnerre : il
paye les amendes et s'endurcit dans la haine.

On me permettra, j'imagine, quelques souvenirs personnels de mes dernières années de
séjour en Alsace. Tout ce qui représentait
l'Université de France avait énergiquement

repoussé les avances, très-avantageuses au
moins, de l'Allemagne. Quand on a eu l'honneur
d'instruire des Français, on ne veut pas élever
de petits Allemands. Nous avions donc remis
notre démission ; mais dans quel désarroi allaient
tomber ces belles écoles que j'avais vues naître,
croître et prospérer de si brillante façon ! On me
pressa de ne pas abandonner mes anciennes
élèves ; je consultai des esprits élevés et
généreux, comme M. Saint-René Taillandier,
qui m'obtint du ministre un congé en règle. Et
je me donnai tout entier à cette grave mission,
et j'eus l'honneur, cinq ans durant, de lutter pied
à pied pour l'idée française contre les empiète-
ments du Germain. Plus question du collége ;
j'avais pour élèves des jeunes filles laborieuses,
énergiques, passionnées pour l'étude et pour la
France. Ce n'est pas par elles que s'éteindra le
sentiment français. Mon cours obsédait les
Allemands, mais que faire ? Mes élèves ayant
plus de quatorze ans étaient censées échapper
aux petites et grandes tyrannies de la loi qui
régit l'instruction primaire en Allemagne, — et
puis le conseil municipal nous défendait.

L'inspecteur, gêné là, me reprit en sous-
œuvre dans l'institution privée que j'avais
fondée avec ma femme dès 1871 : notre succès
endiablait ce malheureux ; nos enfants savaient

mieux l'allemand et surtout un meilleur allemand que leurs élèves forcés des écoles primaires et parlaient, apprenaient très-bien le
français. Ce que ce monsieur a fait de pas, de
faux pas à se casser le nez, et de faux rapports
et de gros mensonges pour détruire notre établissement ; ce qu'il a trouvé, inventé de pré-
textes à amendes (car tout châtiment, en Allemagne, aboutit à l'amende) ; ce qu'il a accumulé
de mesures vexatoires, de visites inquisito-
riales, de délations, n'est pas à compter ni à
raconter. Et si naïvement grossier ! si effronté-
ment impudent ! Il déclarait, par exemple, à
Mme Boissière que, si elle était tolérée à titre
d'Alsacienne, moi, Français, j'étais pour sa maison un élément funeste (*sic*), et qu'il faudrait
tôt ou tard expulser du pays. Et là-dessus, des
amendes pour ceci, pour cela, pour rien. On
payait, on continuait, et M. l'Inspecteur enra-
geait comme le commissaire de Polichinelle :
je dois dire qu'il ne recevait pas de coups de
bâton, mais il n'en donnait pas non plus... nous
respections trop notre mission pour faire de
l'école une maison de conspiration ; mais
l'idée, le sentiment français, nous le répandions
à pleines mains, à plein cœur, la grammaire
aidant.

Cela a duré cinq ans. Mes fils grandissaient,

la France nous manquait !..... A présent, c'est l'Alsace qui me manque et à qui je manque, hélas! Et nos regrets mutuels sont de ceux que le temps respecte en les entretenant. Mais Dieu protége la France, et Mulhouse est bien française, — malgré les cartes de géographie allemandes.

———————

XII.

Le Parti alsacien.

In caudâ venenum.

Mulhouse est française... Le sera-t-elle longtemps ? Toujours ? Je voudrais lui signaler un
danger, qui est, surtout, celui de sa situation.
Elle a mis peu de temps à devenir française :
adoptée, non conquise, elle s'est sentie entraî-
née vers sa nouvelle famille par une ardente
sympathie ; l'esprit n'est pas toujours la dupe
du cœur. La France est active, intelligente,
généreuse ; on lui imputera dix défauts, on ne
lui ôtera pas ces trois qualités.

A l'époque de critique physiologique où nous
sommes, pas un des caractères qui constituent
l'individu n'est à négliger ; or, une ville, comme
un homme, a son tempérament, ses goûts, ses
sentiments et ses aptitudes. M. Taine voudrait
et saurait y découvrir ce qu'il appelle la faculté

maîtresse : appliquons son système à notre
étude et demandons-nous ce qu'est Mulhouse.
Mulhouse est avant tout industrielle ; je ne crois
pas que ce point soit même à discuter : plus
industrielle même que commerçante, quoique le
commerce et l'industrie s'appellent mutuelle-
ment ; plus industrielle, donc, que militaire,
que savante, que lettrée. L'industrie a développé
son intelligence en la spécialisant. Dessinateurs,
mécaniciens, chimistes, Mulhouse a produit des
générations d'hommes très-distingués, dont
j'aimerais à citer les noms, si la liste ne risquait
pas d'être un peu longue. Mais ces aptitudes
diverses se sont concentrées sur un point,
atteignant mieux ici ou là leur plein développement qu'en se répandant sur plusieurs. Si
cette vue est juste, voici ce qui en est la conséquence : c'est que l'industrie, pour développer une faculté maîtresse, a nui aux autres, et
que la spécialité, qui fait le parfait industriel,
empêche l'homme d'être tout lui, un être véri-
tablement complet.

J'ai connu presque tous les chefs de ces
maisons dont la renommée est universelle ; je
les ai toujours vus plus ou moins absorbés,
payant leur souveraineté d'une part de servitude, et, pour parler comme Horace, soumis à
leurs affaires autant que les dominant. Com-

bien payent cher leur immense fortune ! Sait-on
aussi ce que c'est que le labeur d'un Jean
Dollfus ? La journée de quarante-huit heures ne
serait pas trop longue pour tant de travail, tant
d'occupations et de préoccupations, tant de surveillance, tant de correspondance, tant de difficultés à prévoir, tant de risques à courir, tant
de hasards à vaincre... L'ouvrier fait sa besogne
sans souci du lendemain ni souvenir de la veille ;
l'habitude en a fait un outil perfectionné ; le
patron est toujours en présence d'un inconnu, et
en lutte avec cet inconnu,

> Véritable vautour, que le fils de Japet
> Représente enchaîné sur son triste sommet.

La comparaison que me fournit La Fontaine
n'a rien d'excessif. La seule différence, c'est
que Prométhée a pour tout avenir la mort ; le
fabricant a la fortune. C'est sa récompense et
c'est son châtiment ; c'est un tyran qui ne le
lâche plus. Puisque je suis dans la mythologie,
qu'on me permette un autre souvenir, une autre
comparaison. Comme les Danaïdes qui s'épui-
saient à remplir un tonneau sans fond, la grande
industrie travaille indéfiniment à remplir un
coffre-fort, bien fermé, mais si profond qu'elle
perd le temps ou la science de jouir de ses millions. Il y a des exceptions, juste assez pour

confirmer la règle. En deux mots, l'argent
devient vite l'attrait, le moyen et la fin : partie
effroyable que le joueur est forcé de jouer jusqu'au bout, une fois engagé, où les chances
heureuses augmentent avec le gain, mais où il
est impossible de s'arrêter.

Où l'argent règne, il tyrannise, c'est un fait
certain. Dieu me garde de dire ou de penser
qu'on lui sacrifie tout à Mulhouse ; mais de ne
point reconnaître qu'on est obligé de lui sacrifier
beaucoup, je ne saurais. En conclura-t-on
que toutes les qualités que j'ai reconnues à
Mulhouse vont s'effondrer et disparaître tout
d'un coup, et que mes louanges aboutiront à
une amère censure ? que nos millionnaires sont
des gens cupides, et que l'émulation, la charité,
l'esprit d'initiative que je vantais tout à l'heure
sont des leurres de mon imagination ou des
fantaisies de ma partialité ? Non, mille fois non ;
tout ce que j'ai dit subsiste ; fortune et cœur se
peuvent développer parallèlement, l'une n'exclut
pas fatalement l'autre ; mais il est certain aussi
qu'il finit par régner dans les grandes cités
industrielles une passion dominante, qui est
l'argent.

C'est qu'il est si facile de s'abuser ! L'argent
à cette puissance ne s'appelle pas que l'argent ;
il s'appelle la renommée ; la fortune d'un Dollfus

c'est encore sa noblesse. Il n'en ressort pas
moins que le doit et l'avoir risquent à un certain moment de déterminer et de circonscrire
notre vie. L'avoir ! on ne conviendra pas que c'est
vers ce but que convergent toutes les forces
vives de l'intelligence ; mais qu'on en convienne
ou non, le résultat sera le même ; la richesse
sera, comme le dit Bossuet de la piété, « le tout
de l'homme ! » Mais tandis que la piété agrandit
et complète le héros, il semble que la richesse
rapetisse et restreigne l'individu, s'il n'y prend
garde. Où les pères ont passé, les fils resteront
accrochés.

Voici, entre autres, un fait constant : la fortune, pour nos millionnaires, a été une gêne
réelle en 1872. Quelle conduite avaient-ils à
tenir lors de l'option ? Mettre, comme on dit
vulgairement, la clef sur la porte et passer la
frontière ? Beaucoup le pouvaient, et peut-être
l'eussent voulu faire... Mais qu'aurait dit l'humanité ? Vous figurez-vous 50,000 ouvriers
réduits à mendier leur pain et mourant de faim
au seuil des fabriques, qui les avaient fait
vivre ! Ou bien vendre la maison Dollfus, la
maison A. Kœchlin, la maison Steinbach ? A qui
encore ? à des Bâlois déguisés, à des Allemands ?
Signer leur abdication à tous risques, en sup-
posant que la vente ou la cession fussent chose

aussi simple a faire qu'à dire ? Ah ! les conseils
sont faciles à donner, mais à suivre !... Il n'y
avait que deux partis à prendre : rester ou partir. Quel était le plus humain, le plus patriotique ?
Je veux le dire à la décharge de ceux qui sont
demeurés en Alsace : étouffer les sentiments, et
poursuivre sa tâche à travers les mille écueils
qui surgissaient de toutes parts. C'est ce qu'ils ont
fait : mais qu'ils sachent bien, et qu'on sache
bien ce qu'ils ont fait ; qu'ils ne se trompent
pas sur ce qu'il leur reste à faire ; qu'ils se
tiennent en garde contre certaines subtilités de
conscience... ni Français, ni Allemand, Alsacien !
Que de chances de s'abuser tôt ou tard, de ne
se pas assez méfier du malin esprit ! Sous couleur,
enfin, de transiger avec les événements, quel
danger de sacrifier au Dieu million ! Je reviens
à mon point de départ.

Beaucoup sont à l'abri du danger : ainsi ceux
qui ont fini ou que leur âge et leur situation
préservent des chutes ou des retours... Mais les
hommes de trente ou quarante ans ; ceux qui
ont pris ces lourdes successions, ceux qui commencent, qui ont à faire leur avenir en sauve-
gardant le passé, l'honneur du nom , quelle
tâche ! Prêtez-leur tout le patriotisme que vous
voudrez, — il y a un mobile tout puissant, l'intérêt, l'argent qui peut les entraîner un jour ou

l'autre vers l'Allemand, vers celui qui les
couvre de ses lois et de son apparente protection.

Il y a bien d'autres pentes glissantes où déjà
quelques-uns sont engagés, malgré eux et en
dépit, en dehors des événements : je veux parler, par exemple, des mariages mixtes. Quelle
difficulté ! Le grand duché de Bade vivait, il y a
dix ans, de l'Alsace ; l'Alsace y vivait comme
chez un hôte connu : les rapports de voisinage
établis, des alliances s'étaient formées, quelques-unes toutes charmantes, et à l'honneur des
deux familles. — Pas toujours, hélas ! Je citerais une des plus belles familles de Mulhouse
qu'une de ces fatales unions a tuée, tuée
moralement et tuée physiquement. Mais en
retour que d'heureuses et dignes alliances !
Combien de temps, cependant, même pour
celles-là, la sagesse maintiendra-t-elle les bons
rapports sans rompre l'équilibre ? Combien de
temps échappera-t-on, résistera-t-on aux faciles
suggestions, aux transactions, aux accommode-
ments presque obligatoires ? Et puis, comment
d'autres mariages ne se feront-ils pas sur ce
modèle ? Soyons juste : nos jeunes gens sont
partis ; où nos jeunes filles trouveront-elles des
maris ? Je veux bien que la fusion ne se fasse
pas par en haut ; mais elle se fera par la classe
moins fortunée qui n'a pas à choisir : n'y a-t-il

pas eu déjà de tristes défections? On dit qu'il n'y a que le premier pas qui coûte ; il a été fait. Le second n'est pas fait encore ; ne se fera-t-il pas ?...

Je me tais, mais j'ai peur, et j'ai sujet d'avoir peur de ce parti qui s'est intitulé le parti alsacien. C'est ou ce peut être un piége où quelques-uns se laisseront glisser sans assez de remords, où d'autres pourront tomber sans assez de regret... C'est le secret de Dieu et du temps : ce qu'on peut, ce que j'ose affirmer, c'est que la résistance aura été longue et ferme ; c'est que les chutes seront des malheurs plus que des fautes...

> Bella premunt hostilia...
> O salutaris hostia,
> Da robur, fer auxilium !

MULHOUSE DANS VINGT ANS

1895

XIII.

Epilogue.

Dans vingt ans ?...
Victor Hugo a dit :

> ... L'avenir n'est à personne ;
> Si ! L'avenir est à Dieu.

Le poète a raison ; Dieu en sait là-dessus plus long que M. de Bismark et moi, réunis. Qui voudrait prévoir les choses de si loin ? Il y a vingt ans, le roi Guillaume osait à peine rêver à Sadowa ; dans vingt ans, s'il en cause avec son chancelier, ce sera aux enfers, pour une nouvelle édition du Dialogue des morts. Il y a vingt ans, j'arrivais, jeune encore, à Mulhouse, et mon laurier sortait à peine de terre ; dans vingt ans il y aura beau temps que mes lauriers seront coupés, comme dit la chanson... Il y a vingt ans, Mulhouse était bien française ; dans vingt ans, qui dit qu'elle sera allemande, même un peu ? *Grande mortalis œvi spatium* ; Tacite fixe à quinze ans cette première éternité, et Tacite s'y connaissait.

Il faut donc, quoi qu'on fasse, pour parler de Mulhouse dans vingt ans, raisonner sur deux hypothèses.

Seconde et dernière hypothèse : je suppose que Mulhouse soit encore allemande en 1895, la Société industrielle, dont M. Penot vient d'écrire la très-curieuse histoire, sera embarrassée pour la publication de ses bulletins ; le V sera devenu l'F ; le IA régnera au pays du OUI. Les maisons de commerce porteront des noms comme ceci : *Preussische patentirte actien Gesellschaft der Dampf-Messerschmied und stahlwaaren-Werk- stalle zu Mulhausen* ; traduisez : Société par actions prussienne, brevetée... de ceci ou de cela, à Mulhouse. Je ne veux pas nommer les maisons qui déjà ont échangé leur nom propre contre cette raison vague et dissolvante : « Société par actions ! » Et celles qui suivront ?

Les grands noms auront disparu ; ceux qui les premiers auront donné des arrhes à la Prusse, j'entends leurs fils à l'armée de Guillaume,

seront décorés de l'Aigle noir, de celui-là même
que Jean Dollfus jetait entre les bottes du général Von Je ne sais qui? Ils feront de la bonne
grosse impression pour les sujets de Guillaume,
du noir et du jaune ; le gros calicot remplacera
la cretonne et le madapolam. Le commerce des
bottes aura pris une extension considérable, et
la ville de Jean Dollfus deviendra la patrie des
garçons cordonniers et tailleurs. L'Ecole profes.
sionnelle sera une caserne ; les grandes écoles
de quartiers, des casernes ; l'institution libre des
jeunes filles, un corps de garde. M. le commissaire Schmidt, pacificateur du Sleswig, moralisa-
teur de l'Alsace, élèvera saintement les enfants
qu'il a donnés à sa belle-fille, après l'avoir
enlevée avec tout le mobilier. Mulhouse s'appellera Mülhausen. Le grand art qui inspirait les
Dollfus, les Steinbach, les Thierry et les Kœchlin
aura fait place au métier ; les riches tentures,
les impressions artistiques seront remplacées
par le calicot colorié, bon pour les colonies et
les boutiques à liquidation de Berlin. Au lieu de
lutter avec l'Angleterre et de sacrifier à la gloire,
on luttera avec la Poméranie, et l'on tâchera
d'écouler les fonds de magasins. Les Engel, les
Hœffely, les Siegfried, les Dollfus-Ausset, et
tous les autres bienfaiteurs de l'Alsace, on les
ira quérir de l'autre côté des Vosges, en chan-

tant l'air connu : Va-t'en voir s'ils viennent,
Jean !

Ainsi la grande tourmente et le temps auront
emporté les pères et les fils, les pères hors des
affaires, les fils hors de la patrie. La seconde
génération aura fatalement rompu ses attaches
françaises, sans accepter, je le veux bien, les
attaches allemandes... Mais l'Alsace, pour être
et demeurer l'Alsace, sera un pauvre petit pays
écrasé entre deux grands empires, l'un qui sera
pour elle le regret et la liberté, l'autre qui sera
pour elle la haine et la servitude.

Première hypothèse ! Dans vingt ans, pour
une raison ou pour une autre, par un trait
d'esprit de M. de Bismark ou par la volonté
de Dieu, par le hasard ou par la vertu, par
les traités ou par la guerre, par l'argent ou
par la seule équité peut-être et par l'éternelle
justice, Mulhouse sera redevenue française, et
redevenue Mulhouse, la grande ville sanctifiée
par le malheur :

Quod omen Dii fortunare velint! c'est-à-dire
Dieu le veuille ! Pierre l'Ermite disait : Dieu le
veut !

TABLE.

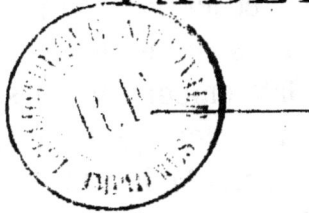

www.ingramcontent.com/pod-product-compliance
Lightning Source LLC
Chambersburg PA
CBHW072123090426
42739CB00012B/3044